体育院校通用教材

体育场馆的经营与管理

刘 青 主编
全国体育院校教材委员会 审定

人民体育出版社

图书在版编目（CIP）数据

体育场馆的经营与管理 / 刘青主编；全国体育院校教材委员审定. -- 北京：人民体育出版社, 2012 (2025.8重印)
体育院校通用教材
ISBN 978-7-5009-4278-8

Ⅰ. ①体… Ⅱ. ①刘… ②全… Ⅲ. ①体育场—经营管理—体育院校—教材②体育馆—经营管理—体育院校—教材 Ⅳ. ①G818

中国版本图书馆CIP数据核字(2012)第104160号

体育场馆的经营与管理

刘青　主编　全国体育院校教材委员　审定
出版发行：人民体育出版社
印　　装：三河市紫恒印装有限公司

开　本：787×960　16开本　　印　张：13.75　　字　数：241千字
版　次：2012年9月第1版　　印　次：2025年8月第12次印刷
书　号：ISBN 978-7-5009-4278-8
印　数：27,601—29,600册
定　价：40.00元

版权所有·侵权必究

购买本社图书，如遇有缺损页可与发行与市场营销部联系
联系电话：（010）67151482
社　　址：北京市东城区体育馆路8号（100061）
网　　址：https://books.sports.cn/

编委会

主　任　蒋志学
副主任　陈恩堂　刘　青
顾　问　孙汉超
委　员　(以拼音为序)
　　　　曹亚东　陈锡尧　陈元欣　高　扬　霍建新
　　　　林显鹏　陆亨伯　罗普磷　庞晓洁　卿　平
　　　　王　进　王子朴　魏　玮　王　雪　吴映秋
　　　　易国庆　尤福永　张继忠　赵道静　郑　宇

《体育场馆的经营与管理》编写组

主　编　刘　青
顾　问　孙汉超
副主编　赵道静　高　扬　王子朴
成　员　吴映秋　陆亨伯　罗普磷　曹亚东
　　　　陈元欣　卿　平　郑　宇

代 序

期待中国体育场馆迎来更加美好的明天
（代序）

在成功举办2008年北京奥运会之后，推动中国从体育大国迈向体育强国，既是中央领导的号召，也是全国人民的期盼，更是现时代中国体育人的梦想与追求。

我们有幸，这个时代真的来了。恰来在我们可以有效工作的生命的几十年。

这里既有机遇，又有挑战。有使命感的中国体育人，都会思索，成功迈向体育强国的要素是什么？

毫无疑问，体育场馆，必将是不可或缺的要素。

——体育场馆，是实现我国体育根本目的的主战场。发展体育运动，增强人民体质，是毛泽东同志对体育工作的题词，既有深远的历史意义，又有伟大的现实意义。实现这个目标，要依托体育场馆。

——体育场馆，是新时期发展体育产业的主阵地。依托场馆，紧扣本体，全面发展，服务社会，是发展体育产业的一个重要方针。体育产业这个近3年以平均20%以上高速度增长的产业，朝气蓬勃，犹如八九点钟的太阳。作为如此朝阳产业的依托，预示着中国体育场馆必将迎来的机遇和荣光。

——体育场馆，是现阶段中国体育体制机制改革的主领域。在中国特色社会主义体育的构建中，体育场馆，这个既与竞技体育体制机制紧密相联，又与群众体育体制机制息息相关的结合部，处在计划与市场、事业与产业、公益与效益等多重矛盾之中，是深化改革必须面对和解决的体育矛盾的一个焦点。

全国第五次体育场地普查时，中国已经建设了85万个体育场地，时隔多年，破100万是毫无疑问的。即将开始的第六次全国体育场地普查，会给我们准确的答案。成功的实践，需要成熟的理论去指导。伟大的实践，也只有伟大的理论指导才能够实现。

刘青教授主持编写的《体育场馆的经营与管理》通用教材，汇集了业界专家的智慧。邀我作序，虽然自知不才，但因身在其位，不敢太过推辞，斗胆随笔从业从学感言以代序。

一本好的通用教材，可以引领一代人；一本谬的教材，也会误导一批人。中国的体育场馆,因为其发展的迅猛,因为理论研究的相对滞后,因为学界业界的部分脱节,编写一本高水平的通用教材,确是当务之急。我建议,这本通用教材,可以从以下四个方面来斟酌提炼。

一是场馆的基本理论与时代精神同在。

基本理论是根基。作为通用教材,形成正确的场馆运营管理的基本理论,是编好教材的基础。但是仅仅如此是不够的。场馆运营管理的基本理论,必须与场馆运营管理的时代精神同在,才能充分展现通用教材的生命力和影响力。

二是场馆理论与场馆实践同在。

马克思主义告诉我们,理论来源于实践。然而我们也常常发现,有些场馆的理论偏离了实践。还有甚者,坐而论道,脱离实际地杜撰理论。理论界的误区,是场馆思想的重大危害,是我们场馆界必须高度重视并预防的。我想,作为场馆的通用教材,这一点是务必要把握准的。

三是深刻阐述与深入浅出同在。

既然是面对全国体育院校的通用教材,对场馆运营管理进行深刻阐述是必须的,所谓明本质才能说清楚。但面对体育院校的学生,如何避免枯燥乏味,将深刻与生动很好结合起来,吸引更多的才子佳人到亟需人才的中国体育场馆的伟大实践中,也是撰写通用教材需要精细琢磨的。

四是写书与育人同在。

写书的目的之一,便是说事说理;而编写教材,则主要是传承知识,并通过知识去教育人。以书育人,是一个目标,可以大大提升书的价值;育人于书本之中,是一种艺术,可以彰显教育的魅力。《体育场馆的经营与管理》将写书与育人融汇于通用教材,必将产生更佳的效果。

我衷心希望,这本《体育场馆的经营与管理》,能塑造、教育、感染、鼓舞有志于体育场馆当前与未来的同志。

期待中国体育场馆迎来更加美好的明天!

国家体育总局经济司副司长
中国体育场馆协会副主席
2012年7月

目 录

第一章 体育场馆经营管理概述 …………………………………………（1）

 第一节 体育场馆经营管理要素 ……………………………………（2）
  一、体育场馆经营管理要素构成 ……………………………………（2）
  二、体育场馆经营及其内容 …………………………………………（3）
  三、体育场馆管理及其内容 …………………………………………（4）
 第二节 体育场馆经营管理基本理论 ………………………………（5）
  一、公共选择理论与产品性质的困惑 ………………………………（5）
  二、转型经济理论与管理体制的纷争 ………………………………（7）
  三、运营管理理论与规模扩张的瓶颈 ………………………………（8）
 第三节 我国体育场馆经营管理的发展概况 ………………………（9）
  一、我国体育场馆的发展历程 ………………………………………（9）
  二、我国体育场馆的经营管理现状 …………………………………（10）
  三、我国体育场馆的未来发展趋势 …………………………………（11）
 [案例1] 奥运标志性场馆该如何保持生机与活力 …………………（12）

第二章 体育场馆经营管理体制 …………………………………………（15）

 第一节 体育场馆经营管理体制的构成 ……………………………（16）
  一、组织结构 …………………………………………………………（16）
  二、制度安排 …………………………………………………………（18）
 第二节 体育场馆经营管理体制演变 ………………………………（20）
  一、计划经济制度下的初建阶段（1949—1978年） ………………（20）
  二、内部制度转型的摸索阶段（1978—1991年） …………………（21）
  三、外部制度转型的探索阶段（1992—2002年） …………………（22）

四、多元化制度创新的发展阶段（2002年至今）……………………（23）
　第三节　体育场馆经营管理体制改革及未来趋势………………………（25）
　　一、体育场馆经营管理体制改革…………………………………………（25）
　　二、体育场馆经营管理体制变革趋势……………………………………（25）
　　[案例2]深圳市大型公共体育场馆管理体制改革引发的思考………（27）

第三章　体育场馆的运营与开发……………………………………（31）

　第一节　体育场馆运营与开发概述………………………………………（32）
　　一、体育场馆运营与开发的原则…………………………………………（32）
　　二、体育场馆运营的内容…………………………………………………（33）
　　三、体育场馆开发的资源…………………………………………………（36）
　　四、体育场馆运营与开发的手段…………………………………………（37）
　　五、体育场馆运营与开发的模式…………………………………………（37）
　第二节　体育赛事运作……………………………………………………（39）
　　一、体育赛事市场构成……………………………………………………（39）
　　二、体育赛事引进渠道及流程……………………………………………（42）
　　三、体育赛事执行…………………………………………………………（45）
　第三节　体育场馆无形资产经营…………………………………………（53）
　　一、体育场馆无形资产的内容……………………………………………（54）
　　二、体育场馆无形资产经营的原则………………………………………（55）
　　三、体育场馆无形资产的经营流程………………………………………（55）
　　四、体育场馆无形资产开发与经营案例…………………………………（58）
　第四节　体育场馆俱乐部经营……………………………………………（59）
　　一、体育俱乐部的类别……………………………………………………（60）
　　二、俱乐部的功能…………………………………………………………（60）
　　三、俱乐部的组织结构……………………………………………………（61）
　　四、俱乐部的运营流程……………………………………………………（62）
　　五、俱乐部产品及服务设计………………………………………………（63）
　第五节　运营与开发的业务拓展…………………………………………（68）
　　一、体育场馆运营与开发业务拓展的方向………………………………（68）
　　二、体育场馆链式发展……………………………………………………（69）
　　三、体育场馆业务拓展的形式……………………………………………（73）

[案例3] 五台山体育中心的广告发布权开发 …………………………（75）

第四章 体育场馆营销 …………………………………………（77）

第一节 体育场馆营销战略规划 …………………………………（78）
一、体育场馆营销战略分析 ……………………………………（78）
二、体育场馆营销战略选择 ……………………………………（79）

第二节 体育场馆的整合营销 ……………………………………（86）
一、体育场馆整合营销的内涵 …………………………………（86）
二、体育场馆营销策略 …………………………………………（88）
三、体育场馆整合营销传播的执行 ……………………………（92）

第三节 体育场馆营销创新 ………………………………………（94）
一、一对一营销 …………………………………………………（95）
二、品牌营销 ……………………………………………………（95）
三、深度营销 ……………………………………………………（96）
四、连锁经营 ……………………………………………………（96）
五、体验式营销 …………………………………………………（97）
六、数据库营销 …………………………………………………（97）
七、文化营销 ……………………………………………………（98）

[案例4] 走进中体倍力，享受健康快乐 …………………………（98）

第五章 体育场馆服务 …………………………………………（101）

第一节 体育场馆服务的内涵与特点 ……………………………（102）
一、体育场馆服务的内涵 ………………………………………（102）
二、体育场馆服务的特点 ………………………………………（102）

第二节 体育场馆服务规范 ………………………………………（104）
一、体育场馆服务的规范化要求 ………………………………（104）
二、体育场馆服务规范管理中的流程管理 ……………………（105）

第三节 体育场馆服务质量 ………………………………………（108）
一、体育场馆服务质量的内容 …………………………………（109）
二、体育场馆优质服务的维度 …………………………………（111）
三、体育场馆服务质量的测评 …………………………………（113）

四、体育场馆服务质量的标准化 …………………………………… (116)
　　五、体育场馆服务质量认证 ……………………………………… (118)
　　[案例5] 体育服务认证一小步　场馆优化管理一大步 ………… (121)

第六章　体育场馆投融资 ……………………………………………… (123)

第一节　体育场馆投融资与资本市场 ………………………………… (124)
　　一、投融资的基本概念 …………………………………………… (124)
　　二、资本市场 ……………………………………………………… (126)
　　三、体育场馆投融资在运营管理中的意义 ……………………… (127)

第二节　体育场馆的投融资模式及其选择 …………………………… (128)
　　一、常见体育场馆建设中的资金问题 …………………………… (128)
　　二、体育场馆建设投融资模式及其特点 ………………………… (129)
　　三、体育场馆建设投融资模式选择 ……………………………… (132)
　　四、国内外体育场馆投融资的主要模式 ………………………… (133)

第三节　体育场馆的资本运营 ………………………………………… (136)
　　一、资本运营 ……………………………………………………… (136)
　　二、体育场馆资本运营 …………………………………………… (138)
　　三、我国体育场馆资本运营的前景 ……………………………… (142)

第七章　体育场馆风险管理 …………………………………………… (143)

第一节　体育场馆的风险识别 ………………………………………… (144)
　　一、体育场馆风险的定义 ………………………………………… (144)
　　二、体育场馆风险的特征 ………………………………………… (144)
　　三、体育场馆的风险识别 ………………………………………… (145)

第二节　体育场馆的风险应对 ………………………………………… (150)
　　一、体育场馆的风险规避 ………………………………………… (150)
　　二、体育场馆的风险缓解 ………………………………………… (151)
　　三、体育场馆的风险转移 ………………………………………… (151)
　　四、体育场馆的风险自留 ………………………………………… (152)

第三节　体育场馆的风险预警 ………………………………………… (154)
　　一、体育场馆风险预警及预警管理 ……………………………… (154)

二、体育场馆风险预警管理的主客体 …………………………… (155)

三、体育场馆风险预警监测 ………………………………………… (155)

四、体育场馆突发事件预警识别和诊断 …………………………… (157)

五、体育场馆风险预控实施过程 …………………………………… (157)

[案例 6] 体育场馆风险预警应急预案 …………………………… (158)

第八章 体育场馆企业文化建设 …………………………………… (163)

第一节 体育场馆企业文化构成及功能 …………………………… (164)

一、体育场馆企业文化概念 ………………………………………… (164)

二、体育场馆企业文化的构成 ……………………………………… (165)

三、体育场馆企业文化建设的功能 ………………………………… (167)

第二节 体育场馆企业文化培育 …………………………………… (168)

一、体育场馆企业文化培育的总体方法 …………………………… (169)

二、体育场馆企业文化培育的途径 ………………………………… (170)

第三节 体育场馆人力资源建设 …………………………………… (172)

一、体育场馆人力资源开发中的专业需求 ………………………… (172)

二、体育场馆人力资源管理 ………………………………………… (173)

[案例 7] 深圳大运中心文化建设 ………………………………… (176)

第九章 体育场馆的建设、维修与改造 …………………………… (179)

第一节 体育场馆的选址与功能设计 ……………………………… (180)

一、体育场馆的选址 ………………………………………………… (180)

二、影响体育场馆选址的因素 ……………………………………… (181)

三、体育场馆的功能设计 …………………………………………… (183)

四、现代建筑技术在体育场馆建设中的应用 ……………………… (185)

第二节 体育场馆日常管理与设备器材维护 ……………………… (187)

一、体育场馆日常管理与设备器材维护的关系和作用 …………… (187)

二、体育场馆设备器材维护的基本原则与要求 …………………… (189)

三、体育场馆设备器材维护的基本程序与方法 …………………… (190)

四、体育场馆设备器材维护需要注意的若干问题 ………………… (192)

第三节　体育场馆经营管理与设施更新改造 …………………… (194)
　　一、体育场馆设施更新改造的政策法规 …………………… (194)
　　二、体育场馆设施更新改造的基本原则 …………………… (195)
　　三、更新改造项目的基本特征及管理中的难点与重点 …… (197)

参考文献 ……………………………………………………………… (200)
后　　记 ……………………………………………………………… (204)

第一章 体育场馆经营管理概述

[内容提要]

本章从宏观角度,分析了体育场馆经营管理中人、财、物、信息等要素构成,对指导体育场馆经营管理实践的相关理论予以介绍,并从场馆经营管理思想史视角对我国体育场馆经营管理发展概况进行了梳理。通过本章学习,可以从历史的角度了解体育场馆经营管理的发展变化,并从要素角度理解体育场馆经营管理的内容架构。

本书所指体育场馆需同时满足以下三个特点:第一,场馆存在的重要目的是承载各类体育活动;第二,存在经营对象和经营管理组织;第三,至少有一种经营对象能够在市场中交易并向公众开放。后文中如不作特殊说明,同时满足这三个特点的不同类别的体育场馆统称为体育场馆。

第一节 体育场馆经营管理要素

体育场馆经营管理是随着市场经济发展而形成的范畴，是对体育场馆在参与市场活动过程中各类经营管理实践的理论总结。初次走进体育场馆经营管理知识的殿堂，首先要明确2W，即"Who"，谁经营管理体育场馆；"What"，经营管理对象是什么。下面从体育场馆经营管理要素分析入手，引出相关概念，为后续"How"的学习打下基础。

一、体育场馆经营管理要素构成

走进国家体育场，饕餮了赛事和文化大餐后，在鸟巢的唯美与气势恢弘涤荡心灵时，你可能疑惑：
- 赛事活动背后的人物是谁？
- 如何管理大量的人群？
- 如何为活动的焦点人物和尊贵的客户提供安全保护？
- 媒体、企业、观众为何齐聚场馆？
- 谁支撑着场馆的存在？

那么可以说，你已经开始思考体育场馆经营管理问题了。经营管理要素，即经营管理活动的构成部分，由经营管理主体、经营管理客体、经营管理环境三部分构成。经营管理要素间有机协调才能产生好的经营管理成果，带来经营管理活动整体利益的最大化。

体育场馆经营管理主体，即参与经营管理活动的场馆管理者、内部员工、专业服务人员以及顾客，是影响经营管理活动结果的能动力量。

体育场馆经营管理客体指场地、设施、产品等有形物资，以及声誉、品牌、商标、专利、技术秘诀等无形资源，是经营管理主体作用的对象。

体育场馆经营管理环境要素，包括内环境要素和外环境要素，内环境要素包括制度环境、文化环境；外部环境要素包括政治环境、经济环境、法律环境、自然资源环境、技术环境、行业发展环境、社会公众环境。

经营管理要素间通过投入——转换——产出三个过程连接起来。具体如图 1-1 所示。

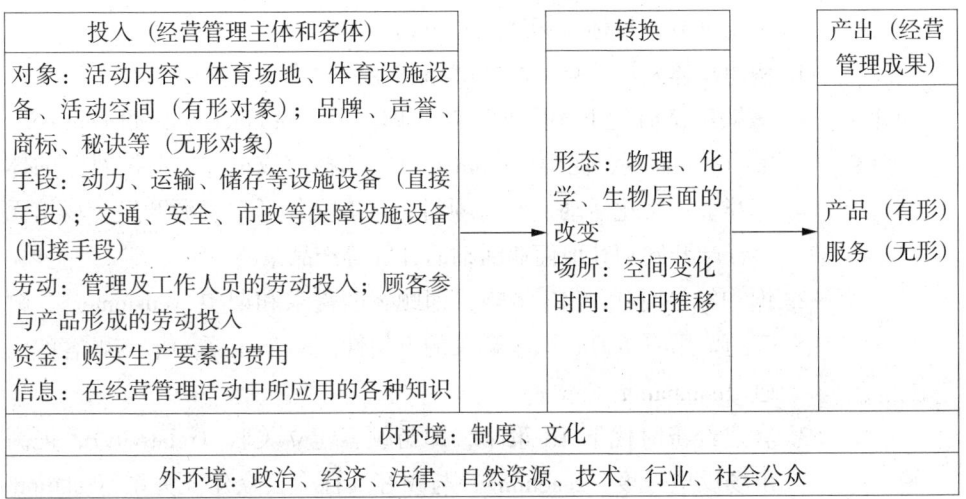

图 1-1　体育场馆经营管理要素及其连接过程

二、体育场馆经营及其内容

经营的本质是通过一系列的活动协调内部资源、外部环境和市场需求的动态平衡，以促成市场交易行为的完成。

经营主要回答以下问题：
- 进入什么市场？
- 市场需求如何？
- 自身有何种资源？
- 以什么样的产品满足市场需求？
- 如何进入市场促成交易？

体育场馆经营从属于经营概念，即在市场经济背景下，利用价格机制（而非行政手段）配置体育场馆各类资源，在等价交换的原则下向市场提供运动场地、体育运动设施以及服务等有形或无形产品的活动总和。

体育场馆经营的主要内容如下。

［战略］1. 体育场馆经营哲学及经营理念的创新
2. 行业选择，在竞技体育、群众体育以及其他商业领域之间的配比关系
3. 市场细分，目标市场选择和市场定位
4. 构建总体发展战略、职能战略和业务战略

［策略］1. 短缺经济时代下4P'S策略，即产品（product）、定价（price）、渠道（place）、促销（promote））。选择（或设计）适销对路的体育赛事、文化活动、健身项目，采取文体活动资源开发、场馆无形资产开发和其他商业活动的开发等产品策略。
2. 饱和经济时代下4C策略，即顾客的需求和期望（customer）、顾客的费用（cost）、顾客购买的方便性（convenience）、与顾客的沟通（communication）。
3. 客户经济时代下4R策略，即与顾客建立关联（relativity），提高市场反应速度（reaction），与顾客及社会公众建立关系（relationship），不断提高对社会、企业和顾客的回报（retribution）。
4. 新经济时代下4V策略，即差异化（variation）、功能化（versatility）、附加值（value）、共鸣（vibration）。

三、体育场馆管理及其内容

企业管理是指通过整合企业资源，以高效率地实现企业目标的计划、组织、协调、控制等过程的总和。管理主要解决两个问题：做什么（What to do）和如何去做（How to do）。

体育场馆管理是指为提高工作效率，实现体育场馆管理目标，执行体育场馆经营职能而进行的计划、组织、协调、命令、控制等过程的总和。其至关重要的内容是保证场地设施的运转正常，并确保安全地举办预定活动。体育场馆管理者最大的特点是要与大量的人群打交道，除了顾客和员工外，更重要的是要与政府机构、私有实体进行密切接触，以获取重要赛事资源，获得大型赛会交通、治安、卫生等安全保障，争取未来发展资金等。

体育场馆管理包括体育场馆运营管理、财务管理、营销管理及人力资源管理。具体内容构成如图1-2所示。

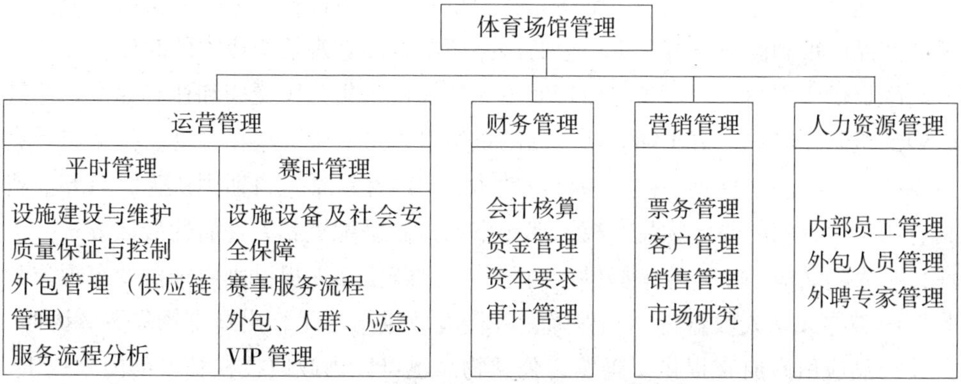

```
                        体育场馆管理
    ┌───────────────┬──────────────┬──────────────┐
    运营管理          财务管理        营销管理        人力资源管理
 ┌────────┬────────┐
 平时管理   赛时管理
```

平时管理	赛时管理	财务管理	营销管理	人力资源管理
设施建设与维护 质量保证与控制 外包管理（供应链管理） 服务流程分析	设施设备及社会安全保障 赛事服务流程 外包、人群、应急、VIP管理	会计核算 资金管理 资本要求 审计管理	票务管理 客户管理 销售管理 市场研究	内部员工管理 外包人员管理 外聘专家管理

图1-2　体育场馆管理内容构成图

第二节　体育场馆经营管理基本理论

体育场馆尤其是大型公共体育场馆应该由谁投资？在公共财政支持下建立的体育场馆能否参与市场竞争成为追逐利益的主体？体育场馆能不能走规模经济的道路？如何对庞大的体育场馆群体进行有效管理？这些问题从体育场馆发展的历史中走来，也将在逐步追寻答案中走向未来。

一、公共选择理论与产品性质的困惑

（一）公共选择理论

经济社会中的物品分为两种，一种叫做私人物品，一种叫做公共物品。保罗·萨缪尔森提出公共产品必须同时满足两个特征：第一，消费的非排他性，即一个人消费不影响他人的消费；第二，取得的非竞争性，即在获得产品时存在搭便车现象。布坎南（Buchanan，1965）和奥尔森的（Olson，1965）从不同的视角阐释了准公共产品的存在，即社会中还存在着大量的介于纯公共产品和纯私人物品的准公共产品，叫做"俱乐部"或"集团"准公共产品，在某个组织内部是其成员免费享用的公共产品，具有"消费的非竞争性和非排他性"，而对于组织外部的成员则是具有"消费的竞争性和排他性"的非公共产品。

在纯公共产品的提供中，萨缪尔森给出了一个条件：只有当社会所有成员从公共产品中得到的收益等于生产公共产品所花费的客观机会成本的时候，纯公共产品的提供方方为有效提供。但现实中无法提供采集公民愿望和让其如实表达其愿望的机制。因此，对于纯公共产品的供给可以采取中央集权制度、投票或者克拉克税收的办法来提供。被誉为企业性质之父的经济学家科斯则认为，只要消费具有排他性，就能界定物品产权，那么市场机制是配置私人物品的最佳方式。由此，私人物品应当由企业来提供，而公共物品若由私人提供则由于搭便车现象和收费困难导致私人收益得不到保障，社会有效供给不足，出现市场失灵。因此，公共产品应由政府来提供。当然，公共物品也可以由政府授权私人部门来提供，私人物品也可以由政府垄断来提供。

(二) 体育场馆产品性质的困惑

体育场馆具有私人产品性质：当一个人使用了体育设施，另外一个人必然不能同时使用该设施，体育场馆消费中存在排他性；观看比赛或者锻炼身体，需要通过购买门票，体育场馆产品在取得中存在竞争性。面向群众免费开放的体育场馆部分空间以及空地满足公共产品的两个特征，具有纯公共产品性质；在大型竞赛表演开展的时候，入场的成员其消费具有非竞争性和非排他性，具有公共产品性质。执私人产品观者认为，体育场馆应该由私人出资修建，以利润最大化原则来经营，国家财政不应该再投资修建体育场馆；而执公共产品观念者则认为，体育场馆是体育事业开展的基础，其投资应该由国家财政承担，场馆应免费提供，而不应该以盈利为目的参与市场竞争。

(三) 公共选择理论对体育场馆经营管理的指导

"效率与公平"是公共决策中难于取舍的两个标准。大型体育场馆由纳税人出资兴建，应该在公平原则下向人们开放场馆以实现提升身体素质的基本需求。体育场馆若采取行政化管理，会产生闲置现象，造成资源的浪费。另一方面，一味强调开放而不考虑设备与消费群体的匹配性也是对资产的极大浪费。由此，效率原则也不可忽视。在效率与公平两个原则中，学术界形成了两种对立的观点：一是从公平原则出发，强调体育场馆产权的公有性质，由事业单位负责运营，免费向公民开放；另一个是从效率原则出发，强调大型体育场馆的经营性，将事业单位民营化。

二、转型经济理论与管理体制的纷争

(一) 转型经济理论

转型是指由计划经济向市场经济转变的经济现象,是20世纪的中国最重要的经济事件。转型的目的是如何通过有效的市场制度带来经济的繁荣和发展。转型经济学首先要回答:转型的目标和转型过程中的约束条件。

经济转型的目标:

- 通过引进具有弹性的相对价格并创造竞争性市场以纠正计划经济对价格的扭曲,从而提升资源配置的效率。
- 稳定宏观经济,这是价格体系正常运作的保障。
- 提供更好的激励机制和公司治理安排,使企业对市场信号做出反应。
- 创造对市场经济来说"适度"的政府机构。

转型过程面临以下约束条件:

- 转型结果的不确定性。
- 各项改革之间的互补性。比如,如果企业没有以价值最大化为目的的激励机制,仅仅放开价格是不能达到最优配置结果的。
- 政治约束条件。转型在整个经济范围内进行,即使整体福利增加了,也会使一部分人受益,另一部分人的利益受到损害。政治家和利益集团担心在改革中受到潜在的损失是合乎理性的。即使改革的目标能达成一致,但在改革的速度和顺序上也会存在很大的意见分歧。

改革策略有大爆炸式改革策略(也称华盛顿共识或休克疗法)、渐进式改革策略(也称分而治之策略)。激励机制是转型中要解决的重要问题。棘轮效应和软预算约束是计划经济体制国有企业效率低下的重要原因。棘轮效应是指计划体制下经理人不愿冒下一年调高计划目标的风险,去过多地超额完成计划。软预算约束是指在计划体制下,计划者不能承诺不去解救亏损企业。持续财务亏损、超发奖金、过度信用等是软预算约束的表现形式。通过所有权转移和私有制下的公司治理能取得更高的效率。

(二) 体育场馆管理体制纷争

我国体育场馆以国家投资为主、企业投资为辅,很多场馆产权性质不明确。体育场馆投资采取国家、省、市三级投资,所有权虽都叫做国有,但权利在省市之间分配不明,因而在管理上也存在混乱。原有体育场馆属于政府体育行政机构的一个部门,通过改革体育场馆演变为体育行政部门下属的二级事业单位。有些新建体育场馆在一开始就以公司制形式成立。以上三种形态的体育场馆同时存在于市场,导致体育场馆管理体制的复杂性。

(三)转型经济理论对体育场馆经营管理的指导

体育场馆由计划向市场的转型过程中,首先要理顺产权关系,其次要建立与产权结构相协调的治理结构。我国体育场馆事业单位企业化管理的做法,明确了经营管理的主体,精简了机构,建立起形式多样、自主灵活的分配和激励制度,提高了体育场馆市场化运作水平。这是体育场馆转型过程中所采取的一种渐进式的改革策略。但事业单位企业化管理依然会产生软性预算约束以及棘轮效益,从而不利于体育场馆经营管理的创新。

三、运营管理理论与规模扩张的瓶颈

(一)运营管理理论

运营管理是将输入转化为输出的一系列价值创造活动,并以产品和服务的形式来体现。运营管理的战略决策包括:产品和服务的设计、质量、流程设计、选址、设备布置、人力资源和岗位设计、供应链管理、库存、作业计划和设备维护。

运营管理的发展历史不长,但因环境变化日新月异,理论发展速度很快。随着时间的推移运营管理的方法和关注点在不断改变。具体如图1-3所示。

关注成本		
早期概念时期(1776—1880) 劳动专业化(斯密,巴贝奇) 零部件标准化(惠特尼)	科学管理时期(1880—1910) 甘特图(甘特) 工作和时间研究(吉尔布雷斯) 过程分析(泰勒) 排队理论(爱尔朗)	大量生产时期(1910—1980) 移动装配线(福特) 统计抽样(休哈特) 经济订货批量、计划评审技术、关键路径分析(杜邦公司) 物料需求计划(MRP)
关注质量		关注定制
精细生产时期(1980—1995) 准时生产(JIT) 计算机辅助(CAD) 电子数据交换(EDI) 全面质量管理(TQM) 鲍德里奇奖 授权,看板生产		大量定制时期 (1995—2011) 全球化,互联网,企业资源计划,学习型组织,国际质量标准,有限能力排程,供应链管理,敏捷制造,电子商务,按单生产

图1-3 运营管理发展变化图

(二) 体育场馆规模扩张的瓶颈

市场经济体制中的企业内在有扩大生产规模、争取更多利益的冲动。规模扩张可以通过工厂复制和兼并收购两类方法实现。体育场馆要实现规模经济，将会受到两个方面的制约，即体育场馆空间限制和时间限制。体育场馆作为一个城市体育基础设施，具有区域性特征，在规模化中硬件设施的扩张几乎是不可能的。体育场馆提供的产品为依托于场地设施的各类服务，诸如竞赛表演、运动服务等无形产品。无形产品具有易逝、不宜储藏的特性。因此凭借产品对其他地域市场进行扩张的做法也行不通。市场化改革要求体育场馆作为市场主体参与市场竞争，而场馆运营时空限制了体育场馆的规模扩张。

(三) 运营管理理论对体育场馆经营管理的指导

在运营管理理论思想指导下，体育场馆经营管理者对体育场馆服务外包、体育场馆供应链管理、体育场馆业务流程再造等进行了有益的尝试。对体育场馆运营中部分日常服务性工作和部分专业化程度比较高的工作实施服务外包。服务外包对于缓解大型体育场馆平时与赛时人力资源配置的矛盾，保障服务质量和服务的持续性等方面均具有积极意义。

第三节 我国体育场馆经营管理的发展概况

体育场馆经营管理的发展取决于市场需求的变化以及体育行政机构的政策导向。在国家提出体育场馆要"以体为主、多种经营"的思路后，我国体育场馆开始由事业型向经营型转变，经过二十多年的探索与实践，体育场馆经营管理逐步向市场化迈进。

一、我国体育场馆的发展历程

先秦时期的射庐和射圃，汉唐时期的鞠城，宋元时代的摔跤擂台，明清时期的捶丸场、围场，无不打着历史的烙印。在当代，造型独特的体育场馆成为城市建设的重要组成部分。我国体育场馆伴随着国家的发展历程而逐步建立，成就了体育事业的飞跃式发展。

20世纪50年代体育场馆：共建成639个。主要在勤俭节约的原则指导下，为解决场馆匮乏问题而建。场馆规模一般为中型，固定观众坐席在4000~6000个，比赛场地以篮球为主。场馆多为钢结构，内部功能分区不明确。代表性体育馆——北京体育馆。

60年代体育场馆：共建成933个。建成2个容量在万人以上的大型体育馆。在借鉴国外设计经验上，结合地区特点进行突破与创新，在建筑性格、布局、结构和设备完善方面做了有益的探索。代表性场馆有首都体育馆、北京工人体育馆、广西体育馆、杭州体育馆。

70年代体育场馆：共建成2591个，新建场馆观众席位比60年代上涨一倍。中小型体育场馆建设开始普及。大型体育场馆普遍采用平板式钢架屋盖。代表性体育场馆——上海体育馆、五台山体育馆等。这一时期数量增长很快，但建筑创新和设计质量水平远不能适应数量发展的需要，留下不少经验和教训。这一时期也是体育场馆援外工程的开创期。

80年代体育场馆：共建成7352个。全国小型体育场馆普及程度较高，要求县级体育设施基本达到"两场一池一房"（带看台的灯光球场、田径场、游泳池或人工水场、室内训练房）。增强了空间的利用，建筑处理更加细致。这时期的代表性体育馆有广州天河体育中心，国家奥林匹克中心。

90年代体育场馆：在赛事拉动下建立了不少功能与建筑结合紧密、特色突出的体育场馆。代表性体育馆有长春五环体育馆。成功举办了北京亚运会。

21世纪体育场馆：2003年第五次全国场地普查，截至2003年底，各类体育场地85.008万个，标准体育场地547178个。每万人拥有体育场地6.58个，人均体育场地面积1.03平方米。以大型赛会为契机拉动了各地大型体育场馆的建设。尤其是北京奥运场馆的建设，在减少排放、保护环境、引进和开发新技术、应用新材料方面向前迈进了一大步。

二、我国体育场馆的经营管理现状

在我国经济体制改革的大背景下，体育场馆为适应社会发展，改革了财务管理体制、领导体制和奖金分配制度，转换了体育场馆的经营机制并制定了相应的法规制度。各地体育场馆经过全面改革，取得了一定经营成绩，归纳总结出一些好的经验和方法。例如，以体为本和多种经营，要把体育场馆的大门打开、向社会开放、把体育市场做大,从市场需要出发搞场馆产业开发,形成良性循环等。但同时,与国外发达国家相比我国体育场馆经营管理还存在很大的差距。

第一,体育场馆的商业化运营层次较低。大多数体育场馆只停留在利用场馆物业进行出租,或开展一些大众体育健身活动,靠固定资产的消耗来对外经营。大多数体育场馆的主要收入来自所谓的非"体"产业,如出租场馆设施等。如果体育场馆周边商业气氛浓厚,也就是说其体育场馆房地产的商业利用价值高的话,则其收入可观,能够维持日常开支;如果地理位置不适合商业经营,则只能靠财政拨款来维持体育场馆的日常运转。

第二,经营收入大多用于分配,很少用于再投入以获得可持续发展。由于内部采用承包责任制的管理模式,除完成上缴指标外据不完全统计,大多用于职工的工资、奖金和福利,很少用于再投入改造。而且,大多数的体育场馆的经营收入只能用以维持职工相当于社会中等水平的收入,没有更多的资金用于再投资,导致体育场馆更新技术改造的费用严重缺乏。

第三,在体育场馆的属性及功能定位上不明确,无法取得社会效益与经济效益的平衡。大多体育场馆仍为企业化管理的事业单位,既要独立核算、自负盈亏,完成经营指标,缴纳各种税费,又要完成政府交给的各种指令性任务(如承办赛事、大型会议和用做训练场地等)。这种双重身份在实际运作中,既要发挥公益作用,又要创利盈利,其结果只能是经济效益与社会效益相互挤换,难以做到两全其美。

第四,经营意识淡薄,没有建立与社会主义市场经济相适应的商业化运营机制。由于不少体育场馆的经营管理者心存"等、靠、要"观念,认为自己是事业单位、公益性质,吃"皇粮"理所当然,想完全"躺"在政府身上,吃财政"饭",对体育场馆的商业化运营缺乏积极探索的主动性,在体育场馆商业化运营上办法不多、机制不活、积极性不高,往往只考虑眼前利益,不以长期经营为目标,不关心积累,不谋求长期发展。

第五,经营项目开发不全,无形资产开发力度不够。无形资产的开发可以带动许多相关产业,创造出可观的经济效益。但目前体育场馆很少能够通过无形资产来创造效益。

三、我国体育场馆的未来发展趋势

(一)公共体育场馆企业化管理趋势

企业化经营是以现有人力、设备、场馆空间充分得到利用,发挥最大功能,而不是单纯地以营利为目的。通过企业化经营使体育场馆的财务收支平衡、减少支出、增加收入来源，以达到以场（馆）养场（馆）、自给自足之目标。

（二）大型体育场馆经营开发泛产业化趋势

大型体育场馆最终将服务于区域经济的发展，与城市、企业、社区形成三位一体的市场定位，发挥城市营销的功能，形成"以体为主、以商养体、以他业兴体"的泛产业经营开发的趋势。

（三）体育场馆服务标准化趋势

在经济全球化背景下国际体育文化交流活动日益频繁，体育服务标准作为国际通用语言不可或缺。建立与国际接轨的体育场馆服务标准，既能帮助体育消费者提供体育服务质量的有效识别，又能促进体育场馆服务管理的科学化和行业自律，促进行业的国际化进程，为行业可持续发展提供重要制度保障。因而体育场馆服务标准化是体育场馆市场化发展到一定阶段的必然产物。

（四）政府购买公共服务趋势

逐步与政府建立起符合企业运营规律和要求的市场关系，将原有的政府补贴转变成为政府购买公共服务的方式。政府公共服务应包括接待优秀运动队训练政府举办的竞赛表演、文化艺术、公共集会场馆在规定的时间内向公众免费开放场馆提供的城市景观服务等。

思考题

1. 体育场馆经营管理要素有哪些？
2. 简述体育场馆经营的内容构成和管理的内容构成。
3. 我国体育场馆经营管理现状和未来发展趋势如何？

[案例1]

奥运标志性场馆该如何保持生机与活力

奥运激情退去，奥林匹克公园中心区依然是很多游客的必来之地，但依靠熙来攘往的参观人群并非奥运场馆日后的生存之道。根据测算，"鸟巢"每年在人力、维护和贷款利息等成本方面需要投入1.5亿元，平均到每天就是41万元，游客的一张参观门票价格为50元。"鸟巢"如何在30年内收回30多亿元投资？

2008年9月30日晚，国家游泳中心"水立方"上演了大型水景声光音乐会《梦幻水立方》。音乐会在国庆"黄金周"场场爆满，截至11月底已演出28场，观众近10万。2009年8月8日，张艺谋导演用歌剧《图兰朵》填补"鸟巢"商业演出的空白。一款名为"水立方"的矿泉水悄然上架，随后，由贵州茅台酒股份有限公司和北京市国家游泳中心有限责任公司联合推出的"水立方"酒也成为第一款以奥运元素命名和定位的高端白酒。围绕"水立方"品牌后续将开发出20个大类的130多种商品。接下来，配合"水立方"而推出的游泳装备、领带和手机等特许商品也将陆续上市。据了解，商铺出租、VIP包厢出租，将是"鸟巢"下一步经营的重要因素。除此以外，场馆运营的主要收益来源集中在：电视转播权、冠名费、无（有）形资产开发、国家补贴几大部分，但国内的场馆生存主要靠政府补贴和部分场租收入。

通过阅读案例以及对你身边体育场馆的观察，能否提出体育场馆运营管理中能够改进的方面？

（根据奥运标志性场馆该如何保持生机与活力. 新华网 www.news.cn，2009-01-06；吕静. 鸟巢：一个"国家图腾"的可持续经营. 中国经营报，2009-06-15：C07 整理）

[案例分析提示]

体育场馆赛后运营问题是体育场馆业发展问题的集中表现。作为奥运场馆的鸟巢和水立方，其赛后运营不仅是社会关注的热点，也是体育场馆运营管理未来走向的风向标。国家体育场一位经营管理人员说："过去的'鸟巢'体现奥运场馆绿色、科技、人文的建设历程，以及承办奥运会开闭幕式、足球、田径的比赛。现在的'鸟巢'主要承接旅游的接待服务以及大型比赛和演出活动。将来的'鸟巢'应深度开发建筑之美和奥运文化，引进大型体育赛事和演出活动，成为综合酒店餐饮、商务交往、会议展览、赞助一体的大型综合体育文化中。""水立方"也毫不逊色，敢为人先，敢于尝试：游泳与演出相加，打造了一个梦幻水上舞台；"水立方"像音乐仙女手中的魔棒，点到任何一件普通商品，即刻让它焕发出新的生命之光。通过这两个奥运场馆的赛后运营实践与探索，我们可以看到体育场馆运营管理存在许多创新的方向。

第二章 体育场馆经营管理体制

[内容提要]

本章主要介绍体育场馆经营管理体制的概念及构成,以重大转折事件为依据梳理了体制的演变过程,并从时代发展的角度分析了体育场馆经营管理体制的演变趋势。通过本章学习,从时间纬度了解体育场馆经营管理体制的过去、现在及未来,以指导体育场馆体制及经营管理的创新。

"体制"是指国家机关、企事业单位在机构设置、领导隶属关系和管理权限划分等方面的体系、制度、方法、形式等的总称。体育场馆经营管理体制由机构设置、权限划分、运行机制等方面的体系和制度构成。

第一节　体育场馆经营管理体制的构成

体育场馆经营管理体制是我国体育管理体制的重要组成部分，是体育场馆组织与制度的根本保障，其构成及各部分功能的正常发挥，直接关系到体育场馆市场运营的良性与否及运作绩效的高低。

一、组织结构

体育场馆经营管理的组织结构是体育场馆内部各有机要素相互作用的联系方式或形式，遵从企业组织结构发展的一般规律。组织结构实质上是一种职权—权责关系结构。组织机构一般包括决策子系统、指挥子系统、参谋—职能子系统和执行子系统。在企业组织结构发展历史，出现了 U 型、M 型、矩阵式三种基本的组织结构类型。

（一）U 型组织结构

按职能划分部门的纵向一体化的职能结构，特点是企业内部按生产、销售、开发等职能划分成若干部门，各部门均由企业高层领导直接进行管理，实行集中控制和统一指挥。体育场馆普遍采用 U 型组织结构，如图 2-1 所示。

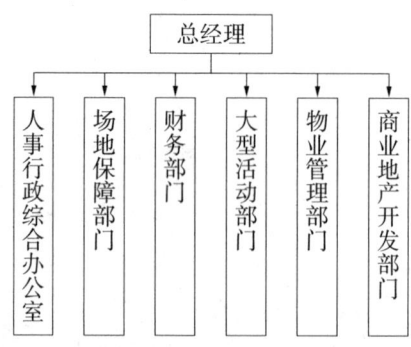

图 2-1　体育场馆经营管理 U 型组织结构示例图

（二）M型组织结构

又称事业部门型组织结构，基本特征是战略决策和经营决策分离。根据业务按产品、服务、客户、地区等设立半自主性的经营事业部，公司的战略决策和经营决策由不同的部门和人员负责，使高层领导从日常经营业务中解脱出来，集中精力致力于企业的长期经营决策，并监督、协调各事业部的活动和评价各部门的绩效。M型组织结构是一种多单位的企业体制，但各个单位不是独立的法人实体，仍然是企业的内部经营机构。图2-2给出体育场馆M型组织结构示例图。

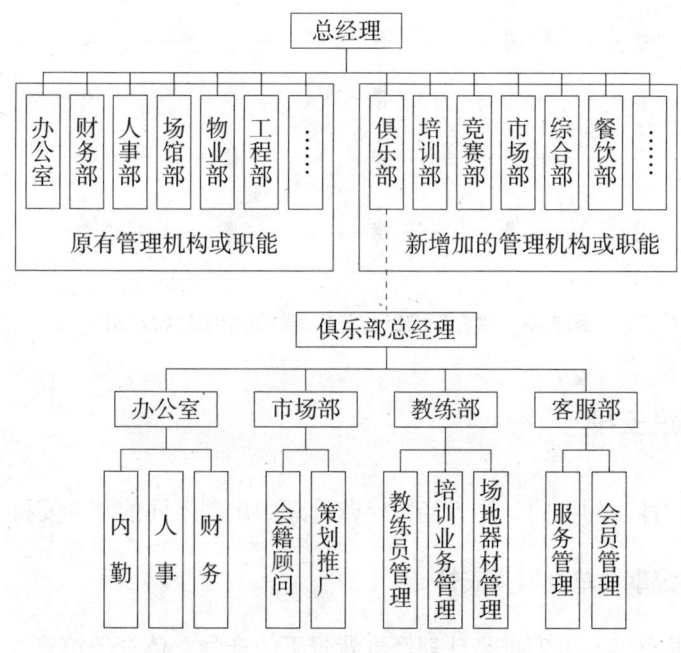

图2-2 体育场馆经营管理M型组织结构示例

（三）矩阵式组织结构

它是既有按职能划分的垂直领导系统，又有按产品（项目）划分的横向领导关系的结构，是为了改进直线职能制横向联系差、缺乏弹性的缺点而形成的一种组织形式。它把按职能划分的部门与按项目划分的小组结合起来组成矩阵,使小组成员接受小组和职能部门的双重领导。图2-3给出体育场馆经营管理矩阵式组织结构示例图。

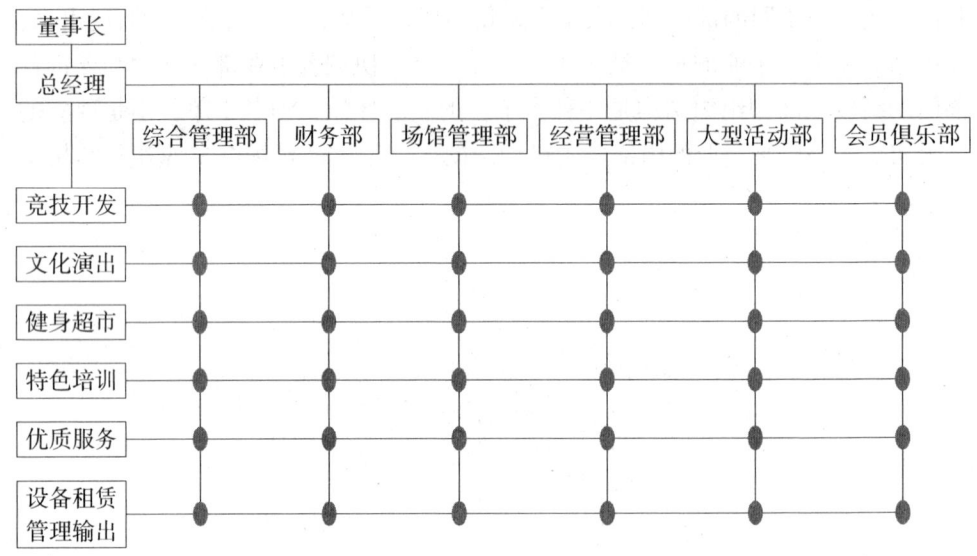

图2-3 体育场馆经营管理矩阵式组织结构示例

二、制度安排

根据产权性质的不同,体育场馆经营管理中出现不同的制度安排。

(一) 传统事业单位制度安排

传统事业单位制度安排是计划经济背景下的产物,体育场馆管理机构为各级体育行政部门直属的事业单位,在人事、经营、财务等各方面接受体育行政部门的直接管理,主要任务是完成上级体育行政部门下达的各项指标。该制度在经营过程中对于社会效益有明确追求,体育场馆内部分工明确,职责明确,举办大中型体育赛事时有着突出的效率和保障;但是其内部管理有待提高,员工缺乏工作热情和激励,依赖思想严重,经营管理缺乏直接有效的动力。在人事管理制度上,干部任用论资排辈,能上不能下,职工聘用受场馆编制等限制,能进不能出,在财务管理制度上,实行统收统支、大锅饭、平均分配,职工积极性难以调动。

(二) 事业单位企业化制度安排

事业单位企业化制度安排是不完全市场经济背景下的产物，主要指体育场馆的主管者即体育行政部门出资建立一个独立的运营公司，完全以现代企业的经营方式去经营管理体育场馆。事业单位企业化经营的体育场馆的所有权依旧归属于体育行政部门，并且成立相应的体育中心作为体育行政部门下属的一级事业单位，获得财政的差额拨款支持；经营权归属于体育行政部门出资建立的运营公司，以企业化运作，参与市场竞争，获取经济利益；"两块牌子、一套班子"的管理运营模式，采取用人社会化、管理企业化、运作市场化的运作模式；其内部经营监管与规制基于事业单位内部规章制度，外部监管则基于相应的法律法规措施。

事业单位企业化制度使体育场馆在市场中以完全独立企业主体经营，有效地解决了其经营管理效率低下、内部缺乏激励及动力的状况，大大提高了其经营效益；作为财政差额拨款的事业单位，又能充分获得政府支持和改革优惠并获得充足的运营以及维护成本。但是它在所有权与经营权仅存在理论上的分离，经营过程中依旧会出现由于产权不清导致的系列问题，事业与企业化矛盾突出，容易出现垄断等相关违背经济规律的问题。

(三) 民营化制度安排

民营化是指将国有、公营的公用事业的所有权或经营权转移到民间，引入真正的市场机制。民营化是政府提高公共物品供给效率的新的治理工具，也是公共体育场馆经营管理制度创新的重要选择。民营化制度可选择的形式主要有三大类：委托经营、政府撤资和政府淡出。

委托经营：是指受托方接受委托方的委托，按照预先规定的委托契约，对委托对象进行经营管理的行为，即体育场馆产权所有者按照签订的委托契约，将体育场馆的直接经营权委托给受托方的经营管理方式。该制度安排的主要优势在于真正意义上实现了经营权与所有权的分离，并且以现代企业形式管理，按市场规律经营，经济效益尤其突出，很大程度上解决了体育场馆运营的成本及维护问题；现代化的经营理念和以公众为中心的顾客战略，以及企业自身形象建设，促进了体育服务产品质量的增强。其劣势在于经营性行为削弱了体育场馆的社会公益性，缺乏对于社会效益的追逐动力；自主经营权的分离同样导致了市场化手段的多样性，给经营监管与规制带来了更高的要求，使得现有监管规制措施无力，国有资产变相流失；委托经营的契约订立缺乏专门性法律制度的保证以及专门性人才的支持。

政府撤资：像委托经营一样，需要政府采取直接明确的行动，但不同的是撤资总体上是一次性工作。政府撤资采取出售、转让、清算等具体形式，其中出售是一种很常见的形式，具体的方法有拍卖或协议出售给私人公司、将股份卖给公众、允许管理者或雇员集资认购、出售给使用者或消费者合作团体等。转让是指政府将某一体育场馆的所有权转交给公众、雇员、使用者或消费者，也包括符合资格的特定群体。清算则是指政府对某些无法维持且无法出售的体育场馆进行破产清算，以实现政府撤资的目的。目前我国体育场馆采用清算形式极为少见。

政府淡出：是指政府逐渐被民营部门所取代，这种方式的优点在于能够以相对较少的冲突，有效地实现民营模式，即所谓"官退民进"。政府淡出的形式有民间补缺、政府撤退和放松规则等。

第二节 体育场馆经营管理体制演变

我国体育场馆经营管理体制的演变大体经历了从计划主导到市场主导，从单项突破到整体推进，从经营事业到经营产业，从传统行政模式到现代公共服务型模式。

一、计划经济制度下的初建阶段（1949—1978年）

（一）历史背景

从1949年新中国成立到1978年党的十一届三中全会召开的30年里，中国体育一直是在高度的计划经济体制下运行、发展和壮大的。这一时期体育事业的发展尽管有曲折和坎坷，尤其是"文革"十年出现了停滞和倒退，但是整体上仍是前进和发展的。高度集中的计划经济体制对这一时期体育事业的发展起到了至关重要的作用。

（二）主要特征

一是运用政府强有力的行政手段，集中计划、动员、调配有限的人力、物力和财力,取得了较好的宏观效益,奠定了我国体育事业发展的基业,建造了一大批体育场馆设施,如六七十年代的北京工人体育馆、上海跳水池、上海体育馆等全国有名的大型场馆。在此期间,不同的事业单位也相应建立各自的体育设施,如各大学建立体育馆、体操房等,铁道等部门及大型企业也建立了相应的体育场馆等。

二是体育场馆的管理体制是完全的计划经济管理体制。国家、地方等各级体育行政部门对体育场馆实行统一收支、统一管理的经济政策制度;体育场馆仅承担相关竞技体育训练或举办相关的体育比赛等活动,几乎不对社会公众开放。

三是体育场馆的建设、管理等相关费用来自国家拨款。在这一阶段,隶属各级体育行政部门的体育场馆属于事业单位体系,内部实行统一的行政领导,国家作为唯一的投资方出资新建体育场馆并对其进行全额拨款以维持其基本运营。

(三)优势与局限

处于计划经济制度下的初建阶段的体育场馆,其经营管理体制取决于整个社会的经济制度,其自身缺少真正意义上的经营,但不可否认的是其在全民健身和竞技体育比赛的过程中发挥了重大的贡献,成为"举国体制"的坚强后盾,成为各级运动员训练比赛的重要场所和物质保障。

二、内部制度转型的摸索阶段(1978—1991年)

(一)历史背景

20世纪70年代末和80年代初,随着我国社会经济条件的变化和体育事业自身的不断发展,原有体育场馆体制与社会经济发展水平不适应和脱离基本国情的弊端也显露出来。在这一阶段,国家开始意识到体育场馆所面临的问题,逐步探索场馆的经营策略,从体育场馆自身内部制度进行改革探索。党的十一届三中全会提出以经济建设为中心后,国家体委提出了体育社会化的方针。

(二)主要特征

一是政府相关体育部门多次召开会议积极关注场馆管理体制的转变,主张采用以体为主、多种经营方式并存的管理方式,从体育场馆经营管理上找到了发展体育产业的突破口,1985年中共中央在《关于进一步发展体育事业的通知》中明确指出:"体育场馆要逐步实现企业化和半企业化经营"。南京召开的"五台山"会议对体育场馆内部制度改革作了有益的探索。

二是体育场馆的建设与运营基本上由政府拨款,通过调动场馆职工的积极性,向社会提供有偿服务,拓宽了场馆的创收途径。

三是公共体育场馆在"以体为主,多种经营"的方针指导下,以创收和减轻财政负担为主要目标,积极进行经营管理方面的改革。1990年10月,国家体委在湖南省常德市召开全国体育计划财务工作座谈会。会议提出,体育场馆要在"以体为主,多种经营"方针指导下,进一步深化和完善承包经营责任制,加速从行政管理型向经营管理型过渡。上海体育场馆在80年代初,率先贯彻"以体为主、多种经营"的方针,设法增加经济收入,以支持体育事业的发展。

(三) 优势与局限

该阶段主要表现为:国家虽然要求对体育场馆提高利用率,但对体育场馆统得过多、管得过死,一切体育场馆事务都由政府体育行政部门来操办和控制,这种做法造成了政府行政机构的政事不分、管办不分,体育场馆自身经营缺乏自主性和独立性;而体育场馆建设数量逐步扩大,建设资金依靠国家全额出资,"场馆好建,包袱难卸"的困境导致建设步伐有所放缓;体育场馆的内部经营管理制度逐步完善,沿海地区率先进行现代意义上的经营管理体制的探索。

三、外部制度转型的探索阶段 (1992—2002年)

(一) 历史背景

以1992年邓小平同志南巡讲话和党的十四大为标志,我国社会主义市场经济体制目标的确立,体育场馆发展的社会经济环境发生巨大的变化。1993年,国家体育运动委员会颁布《关于培育体育市场、加速体育产业化进程的意见》后,体育场馆不断进行市场化、产业化的尝试,出现了企业租赁承包体育场馆并用于非体育经营活动。

(二) 主要特征

一是体育场馆经营方式由"以体为主,多种经营"向"以体为本,开展多种经营,增加收入、以体养体、以副助体"发展;1995年,国家体委下发了《体育产业纲要》,提出了这种经营管理体制,以提高体育场馆自我补偿、自我更新的能力,充分发挥现有体育设施的社会服务功能,对体育场馆实行企业化管理,使之由事业型向经营型转变,向社会全面开放,并提供多样化的体育服务。

这一纲要的颁布标志着我国体育场馆由事业型向经营型的历史转变，体育场馆的经营管理体制开始发生了根本的转变。

二是全国各地均有计划地进行了体育场馆建设规划，并建立起了一系列场馆。1996年，国务院办公厅在《国务院办公厅转发国家体委关于深化改革加快发展县级体育事业意见的通知》中提出的"公共体育场馆不应以营利为目的，但可以实行有偿服务和部分有偿服务，不断提高服务质量，注重社会效益"，引发了全国各地城市建设体育场馆的热潮。各个省份以及市县结合当地实际情况，制定和出台了相关的《体育场馆设施建设和管理条例（办法）》和《体育产业发展规划》，纷纷提出了体育场馆经营开放要求。

三是体育场馆开始了事业单位企业化管理，人员编制属于体育行政部门。2002年，国务院办公厅转发了人事部《关于在事业单位试行人员聘用制度的意见》，明确了聘用制度的相关政策规定。

（三）优势与局限

总的说来，该阶段体育场馆的经营管理开始了大胆的市场化、产业化的尝试，其经营管理体制也由内部转向为外部的探索，部分具有现代化经营管理模式的体育场馆案例为我国体育场馆的发展提供了可以借鉴的经验。但是体育场馆建设资金来源依旧以政府投入为主，场馆经营收入还远远不能满足场馆的日常运营成本，各地兴建了过多的且前期未规划的体育场馆，导致场馆企业运营困难，最终成了政府的负担。

四、多元化制度创新的发展阶段（2002年至今）

（一）历史背景

北京奥运会申办的成功极大刺激了中国国内体育赛事的开展，体育场馆建设速度加快。体育场馆增量快速上升，形成体育场馆存量与增量不同运营模式并存的局面。2002年，中共中央、国务院在《中共中央国务院 关于进一步加强和改进新时期体育工作的意见》中提出了"实行管办分离，政府职能转移，把不应由政府行使的职能转移给事业单位、社会团体和中介组织。体育行政部门把工作重点转移到贯彻国家方针、政策，研究制定体育行业政策和发展规划，依法加强行业管理和提供服务上来"，从而使体育场馆经营管理开始从体育行政系统逐步脱离。同时公共事业领域的民营化改革与事业单位改革开始启动。

(二) 主要特征

一是体育场馆数量剧增，大型体育场馆以及综合型体育场馆建设成为城市化进程的重要组成部分，并且成为了城市地标建筑。

二是体育场馆经营管理方式由事业单位企业化逐渐向多元管理方面发展，出现了物业管理模式、委托管理模式、事业单位企业管理等模式。

三是体育行政部门试图逐步摆脱场馆负担，并能够在经营中获得一定的经济效益，场馆建设融资呈现多元化，在以国家投资为主的基础上，不断吸收社会的民间资本。

四是体育场馆存量依然不能满足公众的需求，存量不足仍然存在。

总体而言，公共体育场馆逐步走向产业化、市场化阶段，多元化经营管理制度并存符合当下我国公共体育场馆发展的实际。表2-1给出了我国体育场馆经营管理体制在不同发展阶段的特征比较。

表 2-1 体育场馆经营管理体制在不同发展阶段的比较

阶段	计划经济制度下的初建阶段	内部制度转型的摸索阶段	外部制度转型的探索阶段	多元化制度创新的发展阶段
形成背景	计划经济体制下以"增强人民体质、增进人民健康"为基础建设的体育场馆为标志	改革开放背景下以开展体育经营活动为标志	建立社会主义市场经济体制背景下以体育社会化、产业化、市场化改革为标志	加快社会、产业转型背景下，以获得奥运举办权、事业转制、社会转型为标志
资金来源	政府全额拨款	政府拨款和少部分经营的收入	差额拨款和少部分经营收入	差额拨款、多元融资以及多元经营管理收入
经营管理方式	政府行政操办和控制下的事业管理方式	由事业管理到经营管理方式转变，实现"以体为主，多种经营"	事业单位为主的经营管理方式，实现"以体为本，多种经营，增加收入，以体养体、以副助体"	由事业单位向多元化管理方式，出现了多种经营管理方式
投资主体	政府	政府	政府+少数民间	多元投资主体
存量状况	仅仅有少数场馆，严重不足	有一定数目场馆，严重不足	有所存量，存量相对不足，但适应社会发展需求	存量有相当数目，但相对不足，能够满足一定比赛
增量状况	中央、地方建立一批功能单一、具有代表性的大型体育场馆	增量较为缓慢，仅有少数公共体育场馆在建	增量有所增加，但有一批场馆被荒废。逐渐转向综合性场馆建设为主	高速发展期，以满足赛事和城市名片为主的建设，场馆较为综合

第三节 体育场馆经营管理体制改革及未来趋势

在科学发展观的统领下，强政府、大社会、市场化、人本化等观念将逐渐渗透到我国社会经济生活的各个领域。体育场馆经营管理体制发展轨迹也在中国社会改革的大背景下，呈现出多元化的发展态势。

一、体育场馆经营管理体制改革

体制改革是指组织机构和制度规范的变革，是适应时代发展的自适应和他适应过程。我国体育场馆经营管理体制改革具有以下社会发展背景。

（一）强政府、大社会发展态势，决定着社会公共服务由政府提供向社会提供转变，作为体育公共服务之一的体育场馆可以由政府组织提供，也可以由社会组织提供。

（二）不完全市场经济向完全市场经济转变，市场和人本的需求决定着第三产业服务的模式。作为体育产业发展依托的体育场馆向以市场为导向、服务品质为根本的方向发展。

（三）事业单位统一管理向分类管理转变。作为事业单位性质的体育场馆，由于场馆性质定位不同，各地区的经济、社会、文化基础不一，必然形成多种制度与模式并存局面，因此，有针对性的分类管理将是永恒的主题。社会管理制度创新导致体育场馆经营管理体制与制度的变革，使体育场馆经营管理具有多元化发展的态势。

二、体育场馆经营管理体制变革趋势

随着体育场馆要素以及产品市场化程度的提高，业务规模的扩大，其组织结构将向着扁平化、网络化、无边界化、柔性化、虚拟化等方向发展；产权结构向着投资主体多元化和产权清晰化方向发展；制度规范向着市场配置资源、企业经营的科学制度规范方向发展。

(一) 组织结构的变革趋势

扁平化：通过减少管理层次、裁减冗余人员来建立一种紧凑的扁平组织结构，使组织变得灵活、敏捷，提高组织效率和效能。

网络化：主要表现为企业内部结构网络化和企业间结构网络化。内部结构的网络化指在体育场馆内部打破部门界限，各部门及成员以网络形式相互连接，使信息和知识在企业内快速传播，实现最大限度的资源共享。外部结构网络化企业间依据供应链或异业整合思路共同组成网络型组织。

无边界化：指企业各部门间的界限模糊化，目的在于使各种边界更易于渗透，打破部门之间的沟通障碍，有利于信息的传送。

柔性化：指在组织结构上，根据环境的变化，调整组织结构，建立临时的以任务为导向的团队式组织。

多元化：企业不再被认为只有一种合适的组织结构，企业内部不同部门、不同地域的组织结构不再是统一的模式，而是根据具体环境及组织目标来构建不同的组织结构。

虚拟化：指用技术把人、资金、知识或构想网罗在一个无形的组织内，以实现一定的组织目标的过程。

(二) 产权结构发展趋势

随着国内一些民营机构涉足体育场馆建设与运营，将会有日益增多的民营机构参与体育场馆的投资、建设与运营，越来越多的体育场馆采取公私合作方式建设，体育场馆的投资主体逐步趋向多元化。在社会资本的推动下，体育场馆的产权逐步明细，法人治理结构将逐步完善。

(三) 制度安排发展趋势

随着事业单位改革的逐步推进和各地体育场馆管理体制改革的不断探索与实践，体育场馆将逐步改变过去以事业单位为主的运营管理模式，呈现出事业单位企业化运营、非营利机构运营、企业运营、委托经营和租赁经营等多种运营模式并存的局面，体育场馆运营模式逐步趋向多元。其中，委托经营将成为体育场馆业未来的重要发展趋势。委托经营可以有效实现所有权与经营权的真正分离，通过公开招标，吸引部分专业体育场馆运营机构从事体育场馆的运营管理，发挥专业机构的专业优势，降低体育场馆运营成本，提升体育场馆的运营管理水平。随着国外体育场馆专业运营机构进入中国市场和国内体育场馆专业运营机构的成长，将会有越来越多的体育场馆委托给专业的体育场馆运营机构经营，体育场馆业的规模化经营亦有可能实现。

思考题

1. 体育场馆组织结构类型有哪些？其发展趋势如何？
2. 从体育场馆经营管理体制发展演变过程，你有哪些启示？
3. 谈谈你对体育场馆委托经营的看法。

[案例2]

深圳市大型公共体育场馆管理体制改革引发的思考

2006年7月，中共深圳市委办公厅、深圳市人民政府办公厅联合下发了《深圳市市属事业单位分类改革实施方案》，将深圳体育场、深圳体育馆、深圳游泳跳水馆、深圳网球俱乐部等单位纳入第一批转企的市属事业单位名单，转制后体育场馆全部资产一并纳入市属企业国有资产监管体系，并委托深圳市体育局管理3年。

深圳网球俱乐部总投资为9000万元，主要包括深圳市体育发展中心内室外网球场、深圳市网球中心、多功能接待房、中心比赛场、羽毛球馆及附属建筑。网球俱乐部自收自支、自负盈亏，主要承担深圳市体育局的网球比赛，培养网球运动员代表深圳参加省运会、城运会等比赛，各级领导的接待，残疾人青少年培训等任务。网球俱乐部每年支出约500万元，主要收入来自物业出租。

深圳游泳跳水馆总投资3.8亿元，可容纳4200名观众。该馆建有室内50米标准池、跳水池、25米训练池；儿童娱乐池、造浪池、按摩池、戏水滑道；室外建有标准池、儿童戏水池、漂流河等水上项目及健身房、壁球室、网球场等陆上项目，是集比赛、训练、健身、娱乐、休闲为一体的大型体育设施。游泳跳水馆每年支出约1200万元，收入一部分来自财政拨款（328万元），其余来自场馆开放、培训等。

深圳体育场总投资为1亿元。深圳体育场每年支出约1200多万，收入一部分来自财政拨款（300万元），其余来自物业出租和场馆经营。

深圳体育馆除了主馆比赛大厅以外，还附设有球类、体操练习场，可供运动员赛前热身或训练用。体育馆每年支出约1100万元，2006年财政拨款为430万元，其余收入来自场馆租赁、广告经营等。

深圳市大型公共体育场馆在管理体制改革中普遍关注以下问题。

第一，经营权的界定

转制后体育场馆的所有权属于深圳市国资委，管理权属于深圳市体育局，经营权属于转制后的场馆经营管理公司。那么经营权如何界定？作为场馆经营单位，在使用和支配这些资产（包括无形资产）时，拥有多大的权力？经营性资产和非经营性资产如何划分？

第二，公共服务的标准和价格确定

根据深圳市事业单位改革的相关规定，今后政府将通过采购公共服务的方式支持公益性事业的发展，即政府"花钱买服务""养事不养人"。但是，对于体育公共服务标准、价格、定价依据等问题，相关文件中没有明确规定。《公共文化体育设施条例》以法规形式强调公共体育设施的公益性。委托经营合同也明确公益性优先的原则。但是转制后场馆实行企业化管理，采用市场化方式运作，开展商业化经营，需要最大限度地取得经济效益。因公益性优先性原则造成的损失，涉及场馆与已签订租用合同的第三方的赔偿，对这样的损失如何计算？

第三，场馆维修规模的界定

体育场馆在使用过程中面临设备和设施的老化和破损等问题。有些维修属于常用设备的日常维护，所需经费较少，但有些维修涉及场馆设施的更新改造，所需经费较多。因此，场馆维修中，大维修、中维修和小维修的标准如何确定及由谁负担？

第四，保险费支付、水电费定价及纳税优惠政策制定

纳入本次转制的深圳市属体育场馆基本上属于大型场馆，建设成本高、规模大，按目前财产保险的市场价格计算，保额大、保费也高，各场馆自行承担场馆巨额财产保险费困难很大。另外，转制后作为提供公益性服务的体育场馆，主要面向社会大众提供全民健身、休闲娱乐服务，向各级运动队提供训练比赛服务，水、电、气等能源消耗量大。场馆经营者希望政府有关部门在水、电、气的定价及经营收入的纳税等方面制定优惠政策，为场馆运营提供政策保障。

第五，收入分配比例

本次转制的体育场馆普遍面临发展资金不足的问题。因此，各场馆都希望在进行收入分配时，要充分考虑到场馆作为企业生存和壮大所必备的发展资金，在年度总收入分配中确定企业发展资金的比例。

第六，不同场馆的特殊问题

除了上述共同问题外，不同场馆在转制过程中还面临一些特殊问题。深圳体育场由于长期被深圳市足协、体工队、派出所和文明办等单位占用，造成经营开发受到影响。此外，深圳中超足球俱乐部长期拖欠深圳体育场场租。深圳网球俱乐部承担了培养深圳市高水平网球队和参加全运会、省运会和市运会等任务。转制后，该高水平网球队将如何生存，也是迫切需要解决的问题。

〔节选自：周良君，谭建湘. 深圳市大型公共体育场馆管理体制改革的现状与对策. 上海体育学院学报，2009 (2).〕

[案例分析提示]

大型体育场馆管理体制改革是提高体育场馆使用效率、增加群众体育服务产品供给的必然举措。体育场馆管理体制改革能否实现场馆拥有方、受托方以及大众三方多赢，还有待于政府有关体育产业税费制度改革、大型公益性体育场馆会计制度的改革、用人制度的改革等向解决问题的方向取得一定的突破，也有待于在体育公共服务体系构建、供给等方面的理论和实践的创新。实践总是走在理论的前面，希望体育场馆经营管理者们能暂时搁置无法解决的问题，向着提高和改善人们生活水平的方向努力前行。

第三章　体育场馆的运营与开发

[内容提要]

体育场馆的运营与开发是新一代体育场馆管理人员必须面对的重要工作内容。本章首先介绍体育场馆运营与开发的内容、资源以及手段，而后选择当前体育场馆运营与开发中较为常见的运作项目进行分类介绍，以期为场馆经营管理者提供实践依据。

提出体育场馆的运营与开发，是将体育场馆作为市场经济条件下的一个运营实体，按照市场经济发展的规律来选择、开拓可供运作的资源，设计切实可行的运营模式，以达到实现既定运营目标的目的。

第一节 体育场馆运营与开发概述

"运营"由英文"operation"翻译而来,为区别于有形产品的提供(product),而将无形产品的提供用运营来表示。随着市场经济的发展,把组织向市场提供产品和服务的各项管理工作,总称为运营(也称为运营管理)。开发即通过研究或努力,将研究成果,或者未被利用的资源,或者其他领域的知识运用于某项计划或设计,开拓、发现或生产出新的、具有实质改进的材料、装置、产品、服务以及市场等。注重体育场馆的运营与开发,是体育场馆充分利用已有资源、挖掘新的资源,提升运作效率的前提。

一、体育场馆运营与开发的原则

(一) 依托场馆、全面发展

体育场馆是体育产业发展的基础条件,其功能定位应该主要以竞赛、训练、全民健身、运动休闲保健等为主。为进一步发展体育场馆业,也需要锐意创新,开展多种经营。

(二) 社会效益优先

体育场馆的运营应以满足区域人们对文化体育的消费需求为第一任务,以服务于城市的发展为核心任务,在实现社会效益的同时,努力实现经济效益的最大化。

(三) 坚持科学管理

建立现代企业制度,引入科学管理方法,努力提高体育场馆管理水平,提升运动、健身休闲产品的市场供给效率。

(四) 树立市场营销理念

在市场经济的大背景下,体育场馆业应遵循市场经济的发展规律,树立以社会、顾客为服务主体的营销理念,运用科学的方法进行市场调研、评估市场以及市场营销战略制定和策略选择，并能在市场营销理念指导下结合体育场馆业务特征进行市场营销手段的创新。

二、体育场馆运营的内容

运营管理涵盖组织的各个方面，如产品研发、设计、产品质量、生产与销售、安全与健康、环境保护、供应链等，运营管理的最终目的是通过各种分析手段以及方法，为提升组织效率提供解决方案。体育场馆存在的最终目的是为了利用现有的场地设施资源，通过一系列的生产、转化，为大众提供健身、休闲、观赏等有形产品或无形服务，满足大众物质和精神文化需求。体育场馆经营管理人员，利用场馆建筑、设施设备以及外围环境，在分析大众需求的基础上选择运动项目，确立经营项目，组织产品或服务的生产过程。主要包含产品或者服务的有效生产、消费者效用的满足以及以供应商为主的资源的有效配置三个主要方面。

（一）产品或服务的有效生产

1. 场地运营管理

场地管理是体育场馆业中产品或者服务生成过程中的一个环节。按照不同项目对场地的要求，对场地进行布置、维护、保养、修理以及补充（新建或者扩建）等，以保障产品或服务得到按时、按标准、可持续的场地供应。

2. 设施设备运营管理

设施设备运营管理是对设施设备从购置，到使用、磨损与补偿直至报废全过程的控制及管理。场馆设施设备是体育场馆提供服务的要素之一，它包含场地设施设备和配套设施设备两大类。有些设施设备与场地构成一个整体，其管理属于场地管理的内容之一，而有些设施设备例如动力设备、弱电设备、水循环处理设备、声音系统、信息化管理设备等，具有一定的独立功能，成为服务提供的关键控制点，因而需要为设施设备的安全、高效使用进行独立的管理。

3. 活动运营管理

体育场馆的业务中，很大一部分是以活动（或者项目）的形式出现。大到世界杯决赛，小到一个会议，从预定到赞助商撤出场地，都需要一个有效的合作和整体管理过程，该过程即为活动运营管理。活动运营管理程序主要包括：项目计划、人员配置、项目服务计划、场地设备设施以及财务体制。赞助招商以及门票销售是活动运营中两个关键而重要的部分，因而也会被独立出来作为专门的运营管理单元。

4. 环境管理

体育场馆，尤其是大型体育场馆，作为大众生活空间的一部分而存在。体育场馆除了提供产品或服务外，也有责任向公众提供清洁、优美、舒适的内外环境。环境管理的内容包括：环境规划、环境绿化、保洁等。

5. 群众管理

人群集聚是体育场馆大部分运营项目中的一大特点。对人群的密度、人群的流向以及人群的情绪进行合理控制，以免人群过于密集或者情绪过于激动而出现危害人群健康或者设施设备安全的不良后果。群众管理的主要内容包括：人群疏散、交通管理、保安、治安、酒精管理等。

6. 质量管理

质量管理是任何组织都必须重视的重要运营管理内容之一。体育场馆质量包含两部分，一部分为产品质量，一部分为服务质量。产品质量通过场馆场地、设施设备以及环境氛围等来体现；服务质量通过场馆服务的流程、服务方式、人员的服务技巧以及服务态度等来体现。

7. 风险管理

由于观众、参与者、运动员、天气、市场环境等因素的不确定性，体育场馆组织管理机构在向公众提供产品或者服务的过程中，会达不到预期的效果（或者收益），甚至导致经营活动的失败，这也就是体育场馆运营过程中所面临的风险。风险管理的主要内容包括：风险分类、风险分析与评估、风险控制等。

（二）消费者效用的满足

1. 营销管理

面向顾客，面向社会，以顾客价值为核心，对体育场馆经营的产品或者服务进行设计、生产、促销的整个过程。营销管理在实现场馆、消费者以及社会三方综合利益最大化目标下制定营销战略，选择营销策略。

2. 服务管理

现代企业竞争已不单纯是产品的竞争，服务已成为非价格竞争的重要手段。营销大师菲利普·科特勒认为，每一行业中都渗透着服务，其区别只在于所包含服务成分的多少。体育场馆运营项目多为依托于体育场馆的竞赛、表演、健身、培训、娱乐等业务，服务特征更为明显。对不同业务的服务特性、服务流程、服务手段、服务效果等进行科学评价、设计和管理，构成了服务管理的主要内容。

3. 权益保障

体育场馆在提供产品或服务的过程中,应树立法律意识,通过法律、法规,保障消费者权益的实现,同时也降低了场馆运营中面临的法律风险。权益保障体现在两个方面,第一,对消费者权益的保障,主要内容包括消费者获取公共体育服务的权益保障,消费者在消费过程中的人身、财产的权益保障等;第二,对体育场馆权益的保障,主要包括体育场馆合法经营以及享有经营成果的权益,体育场馆无形资产的保护,体育场馆税费优惠政策的取得等。

(三) 资源的有效配置

1. 供应商管理

体育场馆在运营过程中,既会向有关部门采购设施设备、燃料动力、必备物资等产品,也会在市场中购买赛事、娱乐节目、票务、绿化、咨询、餐饮、安全保卫、保洁及垃圾处理等服务(通常将服务的采购称之为服务外包,提供服务的机构称之为外包方)。对这些商品或者劳务的采购价格和标准、物品的库存、采购的来源、物品供应商以及服务外包方的关系等经常性地进行审视评估并不断改善,是体育场馆各项业务得以顺利进行的重要保障。

2. 资产管理

对一般性公司而言,预算信息对公司各部门都很重要。体育场馆尤其是大型体育场馆,一般拥有诸如体育馆、体育场、运动设施设备、动力供给系统等大量的固定资产,因而资产管理显得更为重要。体育场馆资产管理的主要内容包括估算运营中各阶段的成本、制定合理的预算、做好资产设备的淘汰更新和维修计划等。

3. 人力资源管理

人力资源是企业发展的重要生产要素之一。根据体育场馆业务发展的需要,适时调整组织架构,确定各部门最适宜的人数配置以及人员和岗位结构也是运营管理的重要内容。体育场馆在确定人力资源构成时,既要考虑到维护场馆日常运转的需要,也要考虑到大型活动举办对人力资源需求量瞬间放大的需要。因此,除了岗位分析、员工的选聘、培训、工资福利设计等一般内容以外,对志愿者需求预计以及管理也成为体育场馆人力资源管理的重要内容。

4. 财务核算

财务核算是企业经济核算的重要内容,主要通过价值形式反映企业经营活动中活劳动、物资以及资金等资源的占用情况,对企业经营活动效果进行评价与监督。财务核算既发挥着核算功能，也发挥着管理功能。体育场馆财务核算体系主要包括财务基础、财务预算、财务核算流程、财务报表四大体系。体育场馆财务核算的主要内容包括成本费用核算、能耗核算、绩效评价等。

三、体育场馆开发的资源

开发的对象包括：研究成果、未被使用的资源以及未被覆盖的市场。体育场馆开发的资源来自未被使用的资源和未被开发的市场两个方面。

（一）未被使用的资源

1. 闲置场地

场地闲置表现为很长一段连续时间未被使用。应通过分析场地的功能是否与现实的需要相互符合，结合体育场馆的战略定位，在对市场需求进行充分调研的基础上对该场地的项目布局、使用功能以及使用模式进行调整。

2. 闲置时间段

闲置时间段表现为某一用途的场地，在一个时期内的固定时间段未被使用。这种未使用状态或是因为没有项目可供运作，例如体育场、足球场的闲置；或是因为大部分消费者在这一个时间段不产生消费行为，例如羽毛球馆在周一到周五上午的9~11点。在对消费者进行充分调研的基础上，考虑场馆的运营目标，采用分时定价、混项目经营、市场挖掘等方式对闲置时间段进行开发。

3. 闲置空间

闲置空间包括由于建筑设计的原因导致的冗余空间（如看台下空间、楼梯下空间等），为满足大量人群集聚和疏散需要而形成的空间（如体育场和体育馆的观众疏散平台、外围景观空间），由高大建筑物而形成的空中可视空间（如体育场火炬台、体育馆巨型建筑等）。可通过引入合适项目、空间租赁、转移传播力等方式对此进行开发。

4. 无形资产

体育场馆的地标性建筑、知名体育赛事、体育及文娱明星名人、群众性或者政治性事件等，为体育场馆提升传播力、积累无形资产提供了多条途径。可以通过对无形资产的挖掘，以及品牌规划设计等方式进行开发。

5. 技术秘诀及运营管理经验

技术秘诀表现为场馆建筑设计、节能减排、设施设备使用等方面的技巧和诀窍。运营管理经验表现为流程设计、招商技巧、规章制度、服务标准等方面软性知识的总和。可以通过对外咨询、成果汇编、管理输出、托管或者技术入股等方式对此进行开发。

（二）未被开发的市场

未被开发的市场表现为四种方式：现有产品在现有市场的扩大消费；现有产品在新市场中产生消费；新产品在现有市场中产生消费；新产品在新市场中产生消费。对运动项目布局进行动态评估及调整，分析现有运动项目是否符合服务区域内大众的需求，在消费容量、边际贡献等指标上现有项目是否符合场馆发展的战略目标，淘汰消费力低的运动项目，增加受大众欢迎的项目，通过动态调整实现运动市场的市场开发或产品开发。在市场调研的基础上引入休闲娱乐项目、教育培训项目、创意活动项目，在异业整合的基础上创造新的产品品类，开辟新的市场。

四、体育场馆运营与开发的手段

运营与开发的手段即为完成运营与开发任务，达到预定目标而使用的一定技巧，主要包括运营管理的手段、市场开发的手段以及收入实现的手段。

运营管理的主要手段有：ISO 质量认证、JIT 管理、服务流程图、甘特图、关键路径分析、精细化管理、服务外包等。

市场开发的主要手段有：纵向营销、横向营销、异业整合等。

体育场馆实现收入的主要手段有：专用场地及附属用房租赁收入，参观场地及各类活动门票，俱乐部会员费，各类活动商务开发的赞助费，除活动赞助费外的广告收入，设备租赁费用，体育培训费用，餐饮、住宿、用品销售等商业活动收入，活动策划组织实施的服务收入等。

五、体育场馆运营与开发的模式

体育场馆运营与开发的模式即在长期的实践中，在经营与管理权限分配、盈利及利润分配方式、资产的结构等方面出现的不同的运营与开发方式。各类模式不具有严格的平行关系。

(一)会员制运营模式

会员制即利用会员身份来锁定忠诚顾客的一种营销方法。体育场馆可以通过定向募集会员,出售不同类别的会员身份来募集资金,获取稳定的客源。同时,会员可以按照会员身份所规定的权限享受诸如体育场地及设施的使用、培训或健身指导服务等。由于该模式一方面能让体育场馆向客户融到资金,同时也能在一定的周期内稳定市场,因而被大部分不同类型的体育场馆作为营销手段而广泛使用。

(二)承包制运营模式

承包制即体育场馆(资产所有方,或者委托经营该资产的受托方)通过一定的合同契约将全部或者部分体育场地、设施设备,以租赁或者承包的方式出让经营权并获取收入。承包的方式可以采取内部协商制度,也可以采取招投标制度来选择承包人。体育场馆采取承包方式,能减轻对场馆管理的负担,获取稳定收入,但也会由于失去对场馆的经营权而无法保障体育场馆资产设备不被过分透支,以及实现体育场馆的社会公益性。

(三)直接经营模式

即由体育场馆的产权拥有方来进行体育场馆的日常运营管理活动。在我国这种模式表现为:体育场馆作为体育行政单位的一个部门或者是一级事业单位,其运营管理活动按照行政管理模式来开展。采取该模式能充分保障场馆社会效益的实现,但会由于行政管理的严谨与缺乏灵活性等而降低管理效率,也会由于经营上的不自由等因素而减少经济效益。

(四)合作经营模式

合作经营指体育场馆产权拥有方(或者产权受托方)以土地、房屋及其他设施、管理经营及技术秘诀或者品牌及无形资产等作为投资品,与其他投资者共同开发一个市场机会并分享投资收益。该模式能够整合社会资本、人力资源、项目资源、管理经验以及社会上存量场馆资源,并降低经营风险。

(五)委托经营模式

在体育场馆产权关系明确的前提下,按照委托代理理论,产权拥有方将体育场馆委托给专业管理公司运营，专业公司在实现产权所有人所规定的运营目标后，努力实现体育场馆经济效益的最大化。一般体育场馆由政府出资建造，然后按照委托代理的思路交给专业公司"托管"，因此该方式也叫做"托管模式"，或者叫做"政府出资企业化经营模式"。该模式在欧美国家被普遍采用，它既能发挥体育场馆的体育功能，同时又解决了体育场馆，特别是一些专业化体育场馆或大型体育场馆由于使用效率不高而造成的运作费用不足的困难，也能把新的经营理念和管理方式带进体育场馆的运营管理活动之中，促进体育场馆经营管理的科学化水平。

第二节 体育赛事运作

举办体育赛事是大型体育场馆的重要业务单元，也是中小型体育场馆用于吸引顾客、提升场馆知名度、为顾客设计增值服务等的重要手段。体育场馆经营管理人员需要了解体育赛事的市场构成以及申办体育赛事的相关流程等知识，掌握如何组织体育赛事以及如何为体育赛事招商等技巧。

一、体育赛事市场构成

体育赛事即以体育竞技为主题，一次性或不经常发生的，具有一定期限的活动。按照不同的分类依据，体育赛事的类别不同。如，按照赛事包含的运动项目数量可以将赛事分为综合性赛事和单项赛事；按照赛事影响的区域范围可将体育赛事分为世界体育赛事、洲际体育赛事、国际性比赛、全国性比赛、地区性比赛和基层单位比赛；按照比赛性质任务可分为锦标赛（杯赛）、对抗赛、邀请赛、选拔赛、等级赛、友谊赛、表演赛、达标赛等；按照参与主体的不同可以分为观众型体育赛事和运动员型体育赛事等。

市场由供给方、需求方、宏观调控方以及供给需求中介之间利益关系的总和。对体育赛事市场的描述可用赛事市场中各利益主体的特征来描述。体育赛事市场中的利益相关者有：赛事权拥有方、赛事主办组织、赛事举办地政府、赛事主办地社区、赛事承办组织、赛事赞助商、赛事参与人、媒体、观众等。

（一）体育行政部门

主要负责综合性运动会的组织管理工作，制定、监督、执行体育竞赛政策和法规，引导项目实体按照项目发展规律和宏观要求安排体育赛事。部门和行业综合性运动会由其主管部门负责组织。

（二）运动项目管理机构

即各级各类运动项目管理中心，属于体育行政部门的直属事业单位，管理所辖范围内本项目的竞赛活动。国家运动项目管理中心负责本项目全国性管理，研究制定并组织实施项目的竞赛制度、计划、规程和裁判法，审定全国比赛规则和运动成绩，负责在我国举办本运动项目的国际比赛的审批和组织工作；负责对本项目运动员进行资格审查、注册和管理工作；组织实施本项目裁判员技术等级制度，负责裁判员的培训和考核；开展各种经营活动，扩大竞赛经费来源等。

（三）举办地政府

在我国，政府是以竞技为主的体育赛事中最主要的利益相关者之一。首先，体育赛事是人群集聚的活动，赛事的成功举办受到城市管理、交通、治安、航空、餐饮、住宿等多个方面的制约，要想成功运作一项体育赛事需要得到政府的大力支持；其次，很多地方政府希望能够通过体育赛事扩大城市的影响，改善城市的人居环境和投资环境，因而政府是体育赛事的主要需求者。

（四）媒 体

体育赛事的广泛参与性以及比赛结果的不确定性，使其成为媒体争相追逐的内容资源。媒体的参与能够让体育赛事的传播起到放大作用，所以媒体与体育赛事一直存在着不可分割的共生关系。

（五）体育场馆

体育场馆是体育赛事举办赖以存在的物质基础。体育赛事能否进行，关键因素之一在于体育场馆是否符合比赛项目的要求。配套设施充足，具有安全保障且建筑具有个性的体育场馆则会让体育赛事的社会、经济效益得以放大。

(六)赞助商

对于赞助商而言,借助于体育赛事展示产品或企业形象,促进产品销售;对于体育赛事的组织者来说,能否吸引到赞助商则是体育赛事成功运营的衡量标准之一。赞助商不仅能够为体育赛事提供物资或资金,也可以为体育赛事的宣传与推广付出巨大的努力。

(七)观 众

包括现场观看比赛的观众以及通过电视、网络、手机等媒体同步观看比赛的观众。观众的数量、观众对比赛的参与程度以及观众的层次是赞助商参与体育赛事的重要影响因素,也是间接影响运动员成绩发挥以及比赛的观赏效果的间接因素,亦是增加体育赛事举办地消费、促进经济增长的重要因素。因此对观众的宣传和吸引是体育赛事组织与举办中的重要工作环节。

体育赛事市场存在多重交易:第一重交易为赛事拥有方将赛事举办权转让给赛事的举办机构,这种转让或通过申请主办权获得,或通过市场交换获得,或直接为行政性安排而获得;第二重交易为赛事主办方争取更多观众注意,以赛事的广泛传播和观众的注意为筹码换取赞助商的资金或物资支持;第三重交易为观众付出一定的代价观看比赛。体育赛事市场构成如图3-1所示。

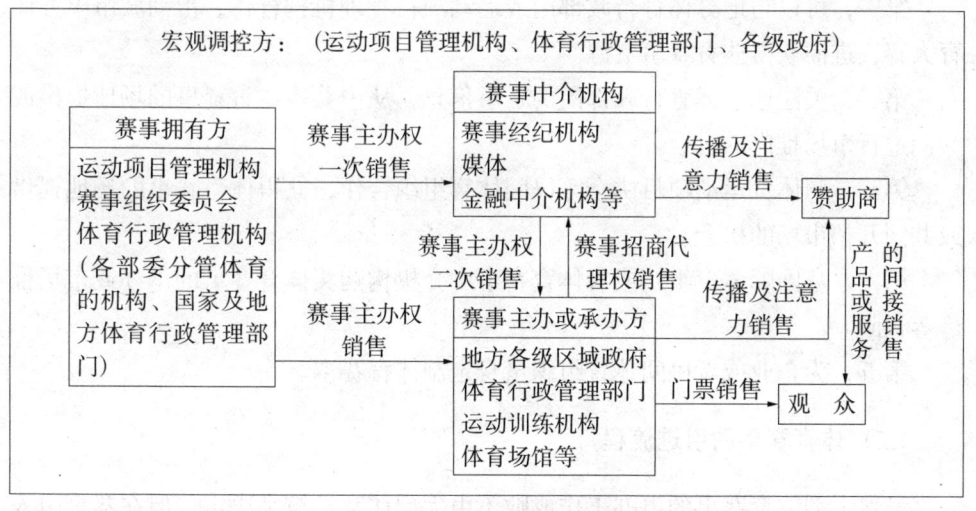

图3-1 体育赛事市场结构图

二、体育赛事引进渠道及流程

体育场馆是赛事举办之本，体育赛事是体育场馆各项事业经营之源。每一个体育场馆都想争取更多的体育赛事。而且需要通过一定的申请、备案程序方能获得赛事的举办权。

（一）体育赛事的引进渠道

体育赛事举办需要向体育赛事的拥有方提供体育赛事招标书或者体育赛事可行性认证，以获得体育赛事的举办许可权。体育赛事的申办可分为三种类型：征询申办、购置申办和竞争申办。征询申办即在国际体育组织、体育行政管理机构或者运动项目管理中心对某一地区已经有明确的赛事举办意向，或者原定赛事承办方情况发生了变化需要变更承办方时所采取的一种申办方式。购置申办通常必须通过出资购买承办权。这种承办权有一次性承办权、多次性承办权和长期性承办权。竞争申办即多个申办城市（或者申办单位）提交招标书，通过激烈的竞争获得最后的承办权。国际国内体育大赛的申办需要由举办地政府或体育行政机构提出承办申请。基层单位组织自行组织大型体育赛事需要向所在区域体育行政管理部门提交申办和备案材料。

体育场馆获得体育赛事资源的渠道如下。

第一，可以与地方体育行政部门或运动项目管理机构合作，帮助城市申办体育大赛，进而获得体育赛事资源。

第二，关注地方体育行政部门的赛事信息，从中获得体育赛事的场地提供或共同进行市场推广的机会。

第三，与体育运动项目协会等民间体育组织合作，获得体育赛事的场地提供或共同开拓市场的机会。

第四，从国际体育组织或者体育赛事中介机构购买体育赛事的承办或市场推广等权限。

第五，为企业或者民间体育组织量身定制体育赛事。

（二）体育赛事的引进流程

虽然大型体育赛事的申办工作成败不由大型体育场馆来决定，但在赛事引入过程中，体育场馆还是应该有所作为的。图3-2给出了体育场馆引进体育大赛（即需要举办地城市出面进行申办的赛事）的一般流程。

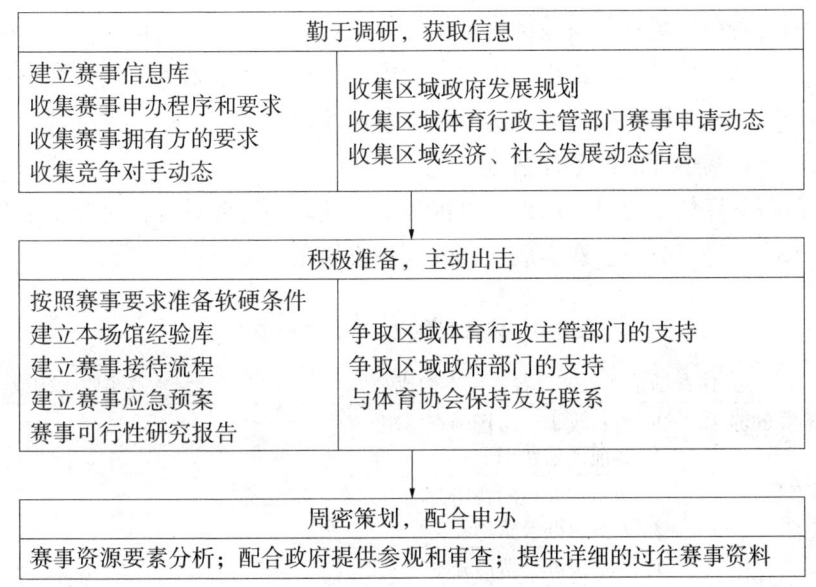

图3-2 体育场馆引进体育赛事流程

除了主动出击寻找体育赛事外，体育场馆也可以通过场馆预定这种被动的方式等待体育赛事拥有方或中介机构找上门来。其流程如下：

1. 通过各种渠道发布场馆信息，树立体育场馆正面形象，吸引赛事拥有方的注意

通过体育场馆网站、制定宣传手册、参加赛事交易会等宣传途径，对外宣传介绍体育场馆的建筑特色、场馆标准、资源优势以及承办大赛的组织管理经验，吸引赛事拥有方的注意。

2. 统筹安排各类赛事和活动，做好合理的时间安排

合理安排一系列同类赛事的时间，制定赛事组合以实现体育场馆的充分、有效使用。合理的时间安排要保证场馆能够承办合适数量的赛事和活动，同时又不会造成员工超负荷工作、场馆过度使用、预算严重超支，以及市场过度饱和。时间安排可以预先告知过去的赛事供给战略合作伙伴，或者评估为重点的赛事供应商，以保障这些供应商赛事能获得合适的时间安排。在时间安排中，要为每一场赛事预留出前期场地准备时间和后期清场地的时间。

3. 体育赛事赛前评估

如果体育赛事仅仅是租赁场地，则要对赛事举办时的保安、保洁、绿化、水电供应及应急以及交通等事宜进行评估，核算成本，评估场地租金是否能够弥补成本，为是否租赁场地的决策提供依据。如果涉及体育赛事的招商，则要对体育赛事进行赛前评估。体育赛事赛前评估的内容包括：赛事财务评估、赛事经济影响评估、赛事社会影响评估以及赛事环境影响评估。

（1）体育赛事赛前财务评估

赛前财务评估主要是将体育赛事视为一个独立的财务系统，对赛事生命周期内成本与收入进行分析。赛事成本和收入构成如表3-1所示。

表3-1 体育赛事成本收入预测项目

体育场馆引入体育赛事成本构成		赛事收入构成
体育赛事的选择阶段	1. 资料收集、市场调查费用 2. 赛前评估费用	1. 门票收入 2. 赞助招商以及广告权售卖收入 3. 特许商品开发销售收入 4. 社会捐赠收入 5. 电视转播权售卖收入 6. 赛事拥有方转移的补贴以及地方政府给予的补贴 7. 赛事期间商品售卖收入
体育赛事举办权取得阶段	1. 获得举办权的费用，如申办费、审批费 2. 人员及办公费用开支	
方案制定阶段	1. 人员及办公费用开支 2. 利息	
赛事组织筹备阶段	1. 赛场改造、布置费用 2. 赛事宣传费用 3. 税费 4. 招商费用 5. 管理人员及办公费用 6. 利息	
赛事项目的举办与控制阶段	1. 赛事组织管理费用 2. 赞助商服务费用 3. 赛事风险控制费用 4. 参会人员接待费用 5. 人员及办公费用 6. 保洁费用 7. 保安费用 8. 利息及税费	
赛事的收尾阶段	1. 赛事评估与总结费用 2. 场地设施清理费用 3. 利息	

（2）体育赛事赛前经济影响和社会影响评估

体育赛事对举办地的经济影响即通过赛事举办而引起基础设施投入的增加；

由于赛事举办提升了城市形象，改善了城市投资环境，进而吸引了新的投资者而增加的投资；赛事参与者、各类型的观众以及由赛事而引致的旅游者等人群在交通、旅游、住宿、餐饮、商品贸易等方面增加的消费，从而通过直接经济效应和投资与消费的乘数效应对举办地国民经济产出的影响。体育赛事的社会影响是指体育赛事的举办给举办地带来的社会心理、社会价值观、社会政治等方面的影响。

4. 签订合同

在对体育赛事进行了评估后，综合评价赛事的影响，进而作出是否承接赛事的决定，并对拟引入的赛事做好合同准备。赛事合同内容一般包括赛事名称、赛事报价、权限划分、双方的责任和义务、利润分配方式、违约处理等。

三、体育赛事执行

因为体育赛事具有一次性特征，因而体育场馆可将每一个体育赛事作为一个项目进行管理。体育赛事的项目管理过程包括：体育赛事启动、体育赛事计划、体育赛事实施、体育赛事控制和体育赛事收尾。

（一）体育赛事启动

体育赛事启动阶段的主要任务是对体育赛事所涉及的领域、投资的效果、技术可行性、环境情况、融资措施等问题进行全方位的评估及论证，明确体育赛事的投资价值以及所要求的技术条件。

（二）体育赛事计划

1. 体育赛事计划的内容

（1）确定体育赛事前、中、后活动的时间安排和人员安排。体育大赛往往是由地方政府、体育行政管理部门以及赛事拥有方共同组建赛事组委会，体育场馆应结合合同中规定的应承担的责任，在完成好场地准备这一根本性任务基础上，配合组委会完成宣传、预热赛、门票销售以及赞助招生等任务。如果完全由体育场馆自己承办的赛事，由于体育场馆人力资源有限，涉及的协调工作量非常大，因而应更好地合理精心设计体育场馆赛事项目工作小组的机构设置，做好时间安排。对于需要申请执照和许可证的赛事，以及需要由其他机构进行财政预算和决算的项目，应更好地合理安排好时间，并预留额外时间以应付不可预料的拖延。

(2) 根据体育场馆的容量和历史记录，决定预期收入，并根据预期收入制定财政预算和开支计划。

(3) 与参与活动的每一个人，如主要工作人员、官员等确定和核定工作计划，并形成例会制度。将项目组中每个部门的计划汇总，并进行跟踪管理。在总计划中列出联系表。对于一些联盟或者联合会的特殊礼节和规定，要列入计划中。

(4) 在计划中提前列出偶发事件，并制定应急预案。

2. 体育赛事计划流程图

体育赛事计划可用流程图、网络分析技术等技术手段对计划进行直观化描述。最早用图表来表示组织的生产进度的是甘特（Gantt）。甘特图是一种线条图，横轴表示时间，纵轴表示安排的活动，线条表示在计划期间的计划和实际活动的完成情况，能直观地表示计划开始和结束的时间。

任务名称	负责部门	1月	2月	3月	4月	5月	6月	7月	8月
开始	筹备会	■							
可行性研究	筹备会	■							
任命委员会	组委会		■						
下级委员会	组委会			■					
选择场地	场地保障部			■					
志愿者招募	人力资源部			■■■■■■					
发报名表	竞赛部			■					
开闭幕式活动	大型活动部			■■■■■■■					
吉祥物、会徽等征集	市场部		■■						
赛事宣传	宣传部				■■■■■■				
市场开发	市场部				■■■■■				
报名截至	竞赛部				■				
安排裁判员	竞赛部					■			
注册	竞赛部					■			
接待及礼遇安排	后勤保障部					■■■■			
销售门票	市场部					■■■			
制证治安	安保部					■■■			
开幕式	大型活动部							■	
赛事期	竞赛部							■	
赞助商客户服务及维权	市场部							■	
闭幕式	大型活动部							■	
清场结算	组委会								■
汇报和评价	组委会								■

图 3-3 虚拟体育赛事计划甘特图

（三）体育赛事实施

体育场馆在体育赛事的实施过程中需要做好人力资源管理工作、赛事后勤工作、礼遇安排工作、宣传及信息沟通工作等。

体育赛事的人力资源大致可分为4类：赛事内部管理者，包括赛事常职人员和志愿者；赛事外部合作者，包括外包商和经纪人；赛事产品实现者，包括运动员、教练员、裁判员以及运动队科研管理及医护人员；赛事产品的消费者，主要是现场观众。体育赛事人力资源管理工作包括：制定人力资源管理战略目标，在目标指导下进行任务分析、定岗定员；对所需人员进行招募、培训和评价；招募志愿者并进行培训、分配和管理。

赛事后勤工作指在比赛前、中、后对消费者的产品供给以及对赛事需要的产品、设备、服务的供给提供保障，主要包括：各类证件的制作、交通安排、场地布置、比赛设施设备和计分设备的准备、对人群流动的安排、准备赛场通信和紧急通信设备等。

礼遇安排主要指对官员、媒体、运动员、教练员、赞助商等，以及其身份的不同，结合其需求对住宿、餐饮、交通、闲暇时间按照计划进行落实的过程。

宣传及信息沟通主要指在比赛期间，体育场馆利用挖潜体育比赛的新闻价值，对体育场馆进行报道，以提升体育场馆的品牌价值；或者为回报赞助商而对其进行的宣传报道。体育赛事的举办是多部门公共协作的活动，为保障赛事的顺利进行，必须进行大量的信息沟通。大型赛事往往通过建立信息平台解决信息沟通问题。体育场馆在赛事举办过程中，通常通过移动通讯设施、网络、对讲设备等媒体实现信息沟通的功能。

[链接]

武汉体育中心承接第26届亚洲男子篮球锦标赛

第26届亚洲男子篮球锦标赛适逢2012年伦敦奥运会亚洲区的预选赛，冠军队直接获得2012年伦敦奥运会的入场券，各个国家和地区的参赛队都以此为目标全力奋战。从开始赛前的推广、分组抽签以及竞赛筹备，亚锦赛的整个进程受到来自国际篮联、亚篮联的嘉宾官员以及境外媒体的时刻关注和报道。作为东道主的中国，这是中国连续第二次举办亚锦赛。自2009年亚锦赛中国队兵败天津，中国队连续两届无缘亚锦赛冠军，因此上到国家体育总局、篮管中心，下至全国的媒体和球迷、社会大众等都对武汉亚锦赛给予了深切的希望。以上种种原因，使得武汉2011亚锦赛得到的关注盛况空前。同时第26届亚洲男子篮球比赛成为组委会必须成功完成的"政治任务"。

2011年9月25日晚，武汉体育中心体育馆，中国男篮以70:69险胜约旦队，夺得第26届亚洲男子篮球锦标赛的冠军，国家男篮征战2012年伦敦奥运会的号角在中国武汉正式吹响。

从2010年10月武汉提出申办亚锦赛，到赛事的完满落幕，整个过程历时将近一年，江城武汉的政治、经济以及社会文化形象在这一过程中向全国乃至全亚洲、全世界进行了全方位的展示，并在人们的心中留下了深刻的印象。同时，作为首个在武汉举办的洲际赛事，第26届亚洲男子篮球锦标赛的成功举办，为大型体育场馆承接大型赛事积累了宝贵的经验。

武汉体育中心作为体育场馆的提供方，同时也承担了亚锦赛的市场开发工作，开辟了我国同级别体育赛事纯市场化运作的先河。以下是武汉体育中心第26届亚锦赛项目团队主要工作组的工作总结，以兹为体育场馆业运营体育赛事提供借鉴。

（一）场地竞赛组

完成的主要任务如下。

1. 设施设备调试及改造

武汉体育中心体育馆累计投入功能性改造费用50余万元。

（1）对馆内所有电力、空调、音响、大屏、网络、电视、电话、灯光、给水、排水、监控、消防、计时计分等系统设备进行精心全面的检查调试，确保设施设备的最佳运行状态。

（2）赛场灯光调整，先后组织人员多次在夜间进行赛场灯光的检测和调整，极好地满足了赛事对照明系统的要求，为高清电视转播提供有力保障。

（3）新闻发布厅及运动员大厅灯光改造

为更好地满足电视转播和瞬间采访电视效果，对体育馆新闻发布厅和运动员大厅照明灯光进行了改造，加装金卤灯33套，格栅灯45套，电气线路3000余米。

（4）记者席、专用通道改造

由于原有记者席被电视转播机位占用，为满足赛场记者的需求，将C213、C215观众看台合理进行改造，加装电源插座和网络接口，确保有线和无线网络记者席的全覆盖，并加设专用通道，确保记者席和混合采访区及新闻发布厅的畅通。

(5) 新闻媒体工作间改造

改造媒体工作间3间近600平方米，累计加装电源插座、网络接口近800个，较好地满足了赛事期间近400名新闻记者工作的需要。

(6) 内场摄影记者区摄影台制作

为给内场摄影记者提供良好的摄像角度及空间，制作加工摄影台60平方米，得到了广大摄影记者的一致好评。

(7) 训练场地布置改造

赛前一周关闭对外开放的训练馆，布置满足赛事训练需求的场地2片，并根据中国队的需求临时又增设了一片中国队专用训练场地。

(8) 网络升级改造

为更好地满足新闻媒体对互联网络的需求，对体育馆网络进行改造升级，网速提升至100Mbps。

(9) 摄像台制作

积极与中央电视台取得联系，并邀请央视相关转播人员来现场确定转播机位，根据确定的转播机位，设计制作赛场所需的全部摄像台，并于赛前全部安装到位。

(10) 竞赛记录台的制作搭设

根据竞赛记录需求，设计制作了近100平方米的记录台。

2. 竞赛器材的准备及比赛场地的布置

为确保赛事圆满成功，提前一个月对竞赛手册中的竞赛器材进行盘点，及时采购了包括记分牌、战术示教板、备用篮架、备用计时计分设备等器材，同时提前半个月将竞赛场地布置完毕，并邀请了国家体育总局的相关领导及裁判人员对场地布置情况进行指导检查。在亚篮联官员抵达后协助配合做好了赛场赞助商地胶的粘贴及摆放，并根据他们的要求对场地进行了赛前最后的调整及布置。

3. 功能用房布置

根据两个赛场房间的不同，合理安排功能用房，同时为更好地满足赛事功能用房的需求，及时采购了一批电脑、打印机、传真机、电话机等办公用品，合理配置各房间用具，有效地满足了各组织机构对办公室条件及环境的要求。

4. 测试赛的组织及实施

组织实施了全国第七届城市运动会的U16男子篮球赛，对竞赛记录人员进行集中培训，并对场馆设施设备进行有效检验运行。赛前十天，又分别于武汉体育中心体育馆及洪山体育中心体育馆组织了测试赛，对两个赛场进行赛前实战演练，并对测试赛过程的问题进行及时处理，确保了后期赛事的顺利进行。

5. 场馆设备的运行保障

赛前制定细致周密的运行保障计划及应急处理预案，并对各预案进行充分的演练。赛事期间，投入300多设备操作工作人员，定员定岗定责，对各类设施设备运行进行有力保障，每天工作时间长达15小时，确保了设施设备的稳定运行，整个赛事期间各设备运行正常。

6. 证件制作及竞赛场地人员出入管理

针对赛事制定了科学完善的证件方案，竞赛工作证件十几大类，三十余种。赛事期间主要对体育馆包括检票口的九大进馆入口作出了严格管制，从开赛前一天各通道入口就严格执行证件通行范围规定，认证不认人，认证不认单位，不给任何人开特权的机会，使各类人员在开赛之初就知道自己进入通道的入口和通行区域。将主要的志愿者、工作人员、记者、赛事管理人员、运动队、贵宾几类人员的入口和通行范围规定作出了明确提示。对进入内场的人员严格把控，在消防通道、运动员大厅通道、记者看台进入混合采访区通道、贵宾通道严格设置安保管卡，把好进入赛场最好一道关，将非工作证或非工作岗位人员一律控制在赛场外，确保赛场秩序井然有序。

7. 为球队训练和竞赛提供服务

根据赛事进程，合理安排各运动队的训练时间和场地，同时还为各运动队提供大量冰块、应急处理药品等，并在训练场地边设置专门的力量训练区域，真正做到服务周到细致，给运动队提供良好的训练场地和环境。

8. 为电视转播进行协调和服务

整个亚锦赛中央电视台全程现场直播，累计播出时间一百多小时，同时我们还负责收集比赛录像，为各运动队提供影像资料母带。

9. 竞赛后勤服务工作

每天6场赛事，运动队7:50左右就到达赛场进行赛前适应场地，晚上最后一场比赛结束基本都在22:00左右，每场比赛间隔时间只有短短的30分钟，对场地服务保障来讲本身就是一种挑战，如何搞好竞赛组织和服务工作将直接决定着赛事的成败。武汉体育中心针对每个竞赛环节都制定出严格的流程，从运动队到达赛场，到更衣室的安排，到赛事开始，到下一场比赛的运动队进场，上一场比赛结束，到赛场的清理，周而复始，时间节点精确到分，每个环节不出丝毫差错。一个小小的疏忽，就会导致整天的赛事无法按计划顺利执行，都将酿成不可估测和控制的局面。试想馆内的比赛没结束，场内观众退不了场，下一场赛事的观众无法入场,大量在馆外聚集,给安保工作将会带来多大的压力?

赛事过程中随时处置现场的紧急状况,各类技术统计数据实时传递至媒体工作室、官员席。当每天赛事结束后,场地竞赛组的工作人员总是最后一个离开赛场,一方面总结当天的经验和不足,另一方面清理赛场和各功能房、看台区域、观众大厅,同时还对所有的设施设备进行检查,查看有无异常。在全体工作人员的共同努力工作下,顺利完成了全部62场赛事的后勤保障工作。

10. 辅助兴奋剂检测

根据赛事需要,联系协调专业兴奋剂检查医务人员,对进入前八名的运动队的部分球员进行尿样取样及检测,无一例漏检。

11. 观众引导

内外场设置专用指示牌三十余个,引导员六十余人,有效地引导观众有序进出场馆观看赛事,整个赛事期间未发生一起因标示和引导不清引起的观众不满。

12. 颁奖仪式及闭幕式的后勤服务

赛事进行期间,对颁奖仪式和闭幕式进行了整体策划,制定了工作方案,并征求省体育局、中国篮协、亚篮联意见,进行了反复排练,及时处理突发变故,确保了颁奖仪式及闭幕式的圆满流畅完成。

13. 拉拉队的选拔及赛场表演

我们与爱篮球杂志联合进行了篮球拉拉宝贝的海选,并对最后入围的拉拉队进行封闭排练,为活跃赛事间歇氛围起到良好作用。

(二) 新闻宣传组

宣传主要围绕赛事的信息发布、社会宣传、媒体服务以及新闻区的现场管理四个方面开展工作。

1. 精心策划,实现信息发布热点频现

根据赛事的需要并结合武汉体育中心的实际,制定出详细的赛事宣传工作计划,将赛事新闻分三个阶段进行宣传。第一阶段,信息发布主要围绕系列推广活动为重点进行,包括会徽和吉祥物征集活动、志愿者招募活动、举办篮球宝贝选拔赛活动、篮球嘉年华活动等,同时对抽签仪式等专项活动进行了重点的策划与宣传。第二阶段是赛事宣传的重点阶段。本阶段信息发布主要以宣传湖北省、武汉市以及两个赛区为基础,以促进门票销售为核心进行策划与组织。本阶段工作主要包括组织赛事开票仪式新闻发布会的宣传,组织武汉市及湖北省体育局相关领导对赛事的评价,组织专版进行武汉体育中心运营模式的介绍、武汉体育中心为赛事提供专业化服务等准备情况介绍,组织各类媒体发布男篮亚锦赛开赛倒计时、赛事赛程、跟踪门票销售情况等。第三阶段主要组织国内外媒体对赛事进行观摩，并做比赛情况的报道。上述赛事宣传的三个阶段也是赛事信息发布由松散型向密集型转变，并于开赛以前达到宣传的高潮，再由密集型向松散型转变的一个过程。

据不完全统计，自2011年7月7日起，参与赛事宣传的平面媒体为124家，软文报道次数总计为643次，包括新华社、法新社、《中国体育报》《北京日报》《长江日报》《广州日报》《武汉晚报》《楚天金报》《体育周报》等。参与赛事宣传的电视媒体为15家，累计报出时间超过50小时，包括中央电视台、湖北电视台、武汉电视台播放赛事宣传片及相关赛事与组织的采访以及赛前准备信息等。参与赛事宣传的网络媒体为18家，百度搜索可以查询的赛事信息为135万条，网络信息的发布主要是通过腾讯、搜狐、新浪、网易、长江网进行。

2. 寻求支持，争取社会宣传质高面广

男篮亚锦赛的社会宣传主要由赛事综合协调组组织完成，整个社会宣传主要在市政府、市体育局、市城管、市交委客管处、市地铁公司、天河机场等相关部门和单位的大力支持下完成的，并通过精心的设计，制作出高水准的广告牌，以此来达到社会宣传的最佳效果。

据统计，社会宣传共制作户外大型广告牌5个；设立大型电子宣传屏3处；制作赛事道旗广告牌400块；同时在轻轨站台、的士后屏等亦做了赛事的宣传广告。

3. 细心安排，确保媒体服务热情周到

本届男篮亚锦赛国内外记者的报名人数为355人，实际到赛场参与报道的媒体记者接近400人，到赛事组委会指定酒店入住的记者约为130人。面对如此庞大的记者群体，能提供优质的服务是体现湖北省、武汉市接待能力的最佳手段。为此，我们对媒体记者的接待做出了精心的安排，采访受理工作也竭尽所能地给予安排。首先，认真做好参与报道记者的信息收集与登记工作，新建男篮亚锦赛记者群，及时收集每个媒体朋友的制证信息，及时收集记者的住店信息，为国外记者办理签证手续，通过QQ群发布赛事相关的新闻信息。第二，实现新闻宣传组与服务接待组的无缝对接。赛事期间，小组工作人员每天早上均准时到达两个媒体酒店，将住店的记者接到武汉体育中心，并提示当天的信息及注意事项；每天晚上分别将记者们从武汉体育中心送回至酒店。在非比赛日，亦派专人配合接待服务组协调记者的武汉一日游活动、篮球赛活动。第三，制作完成《媒体手册》，将媒体朋友最需要的信息全部汇集到手册上，为媒体朋友特别是国际与省外的记者朋友提供最方便的报道、生活指南。第四，精心安排好记者及新闻官的午茶、晚点等，为媒体朋友提供最温馨的服务。在比赛日，组织购买咖啡、面包、水果等各类副食，并不断地调换品种与口味，同时，还力所能及地为媒体朋友购买所缺物品，不厌其烦地做好各类服务；在非比赛日，则组织安排媒体答谢酒会，安排好各类纪念品的领取工作。第五，及时回应记者的采访需求，同时努力争取各方的支持与配合，最大限度地满足记者的采访需求。

4. 注重衔接，确保现场管理优质高效

赛事现场，新闻宣传组工作区域分为记者报道区、记者席、记录台、媒体工作室以及新闻发布厅。要完成每节、每场赛事的现场数据统计、传送与报道，做好衔接至关重要。记者报道区主要做好记者身份的核查与摄影记者进入内场所需背心的兑换工作；记者席主要做好区域内人员记者身份的核查与管控工作；记录台主要是进行赛事每节每场数据的采集与分送工作，完成每节比赛，则将相关数据分送到媒体工作室、记者席、主席台及新闻发布厅。在记录台同时也要做好亚篮联新闻官员的相关服务工作；媒体工作室主要是为记者提供打字、复印、数据分发及室内网络传输的管理工作；新闻发布厅则重在为媒体记者提供与每场赛事的胜负方进行信息的沟通与互动，为每场赛事的报道提供更为全面的分析与情况通报。由于事多人少，要做好现场管理的各项工作，不仅需制定详细的岗位分工与人员职责安排，而且应将每个人的工作细化到每个时点，做好前后的衔接，予以保证工作能正常顺利地进行。同时，加强了志愿者的培训工作，开赛前共组织了三次专项培训，包括礼仪培训、赛事相关信息的培训、专岗培训等，对每个人的工作情况均给予细致的辅导与教授。另外，为了保证新闻发布会翻译的水平与质量，赛前同武汉大学联手招募了同声传译的翻译人员，为赛事有一个高质量的新闻发布会提供了保障。

注：根据武汉体育中心2011年亚洲男子篮球锦标赛内部工作总结整理

第三节　体育场馆无形资产经营

无形资产经营是大型体育场馆非常重要的一项经营业务，若经营得当，无形资产经营收入可以成为体育场馆的重要收入来源，从而有效提高和改善场馆设施的经营状况。无形资产是会计学中的一个概念，指在不止一个会计周期内能够为企业带来现金流，具有非实物形态特征以及可辨认性特征的企业长期非货币型资产。无形资产主要包括专利权、非专利技术、商标权、土地使用权、特许权等。

一、体育场馆无形资产的内容

体育场馆无形资产指在一个较长时期内被体育场馆拥有，能够为体育场馆运营带来经济收益的各类物质形态资源的总和。具体表现如下。

（一）体育场馆名称

由于历史事件的发生，让体育场馆的名称具有一定的大众知晓率。同时历史事件赋予该名称于文化内涵，因此体育场馆名称能够提升场馆提供的产品或服务的消费者心理价值，从而具备了能够带来收益的能力。

（二）体育场馆建筑特色

独特的建筑特色无异于产品的商标，将体育场馆与同类场馆区别开来。该建筑特色容易被大众记忆，并产生与体育特质相关的联想，从而具备了为企业创造收益的能力。

（三）商　标

体育场馆可以为自己开创的活动或某项服务如健身服务等注册商标，一方面增加服务的可辨识性，另一方面通过一段时间的经营增加商标的价值。

（四）专利权和非专利技术

在体育场馆的建筑、更新改造以及场馆设施设备运转维护过程中，为提高使用效率而出现的创新性技术，可以通过申请专利或者形成技术秘诀的方式，对技术进行保护。

（五）土地使用权

土地使用权是指国家机关、企事业单位、个人或三资企业，凡具备法定条件者，依照法定程序对约定的国有土地或农民集体土地所享有的占有、利用、收益和有限处分的权利。

（六）专业管理经验

体育场馆在场馆运营过程中所积累的独特的能显著提高管理效率的方法、手段及制度的综合。

（七）特许权

特许权即特许人授予受许人的某项权利，在该权利下，受许人可以在约定的条件下使用特许人的某项工业产权（主要包括商标、专利和地理标志）或知识产权（工业产权和著作权），它可以是单一元素如商标使用权等，也可以是多种元素的组合。体育场馆可以将场馆命名权、体育场馆独特建筑图像使用权、商标权、场馆空间的使用权、专利权以及非专利技术、土地使用权或者专业管理经营权等，通过市场交换单独或组合地授予一定的个人或组织使用。其中，体育场馆命名权的特许被称之为冠名权的售卖。

二、体育场馆无形资产经营的原则

体育无形资产的经营是一项涉及面广、交易程序复杂，且政策性非常强的特殊经营活动。开展这类经营活动应遵循以下几个基本原则。

第一，全面效益原则。用尽可能少的投入获得尽可能多的产品，做到投入少、产品多、效益高。

第二，系统优化原则。在体育场馆无形资产的经营过程中要从系统的观点出发，力求以最优的方案和办法来处理各种关系，解决各种问题。

第三，相对分离的原则。本着所有权与经营权相对分离原则，以实现政企分开、政事分开，不断改善体育场馆无形资产经营管理水平。

三、体育场馆无形资产的经营流程

体育场馆无形资产的经营流程如下。

第一，分析公司现有无形资产现状，并分别对其未来增值潜力进行评估。

第二，对具有增长潜力的无形资产，分别制定无形资产积累、开发、经营规划。

第三，制定无形资产管理经营开发管理办法，规范无形资产经营的行为。

第四，评估、筛选每一个无形资产经营的机会。

第五，为可行的无形资产经营机会成立经营项目小组，并分派相应的人力资源、资金和物资资源。

第六，与合作方谈判，签订协议。或者，无合作方，则分析市场需求，制定市场开拓计划。

第七，有合作方，则履行无形资产合作开发协议，监控无形资产的使用。无合作方，采取适当的营销策略实现销售。

[链接]

体育场馆无形资产经营开发管理办法

第一章　总则

第一条　无形资产是企业资产的重要组成部分。为加强公司无形资产方面的管理，维护和促进公司的建设和发展，规范无形资产的使用，根据国家相关的法律法规及知识产权局《知识产权保护管理规定》制定本办法。

第二条　公司无形资产是指公司拥有的、不具备实物形态而能为公司提供某种效益的资产。

1. 公司的公司名、徽章及代表物；

2. 公司的商誉、注册商标及所属各单位所拥有的注册商标；

3. 各类冠有公司名的企业、事业等单位的名称以及公司直接的、间接的各种服务标记；

4. 国家及各部门、单位或个人授予、赋予、赠予公司的各种职能、名誉及各种特许权；

5. 利用公司的条件完成或落实公司的任务而取得的职务成果，如专利、专有技术、著作权、商标权、发现权、发明权等知识产权；

6. 土地使用权；

7. 依据国家法律、法规或国际、国内惯例承认的公司其他的无形资产。

第三条　本办法适用于公司所属各单位、冠有公司名称以及未冠有公司名称但在实际经营中使用公司知识产权的各企事业单位。

第四条　市场开发部代表公司对无形资产开发实行统一管理。

第二章　职责与管理

第五条　市场开发部对公司无形资产开发的管理职责。

1. 根据公司总体发展水平和具体工作需要，制定相应的无形资产管理措施，加强其保护、开发、应用、投资的力度，实现其保值增值；

2. 对外投资的无形资产，根据其具体类别、情况，组织有关方面的专家进行评估、论证或推荐到中介机构进行评估；

3. 审核公司各部门及个人应用无形资产参与市场经济活动的申请，并提出拟处理意见，报主管领导审批；

4. 根据实际情况，对公司内无形资产投资入股各类企业的产权转移出具证明；

5. 检查、监督公司无形资产的运作情况；

6. 协同有关部门做好无形资产的效益回收工作；

7. 建立公司无形资产管理库；

8. 对公司所属各单位及已注入公司无形资产的各类企业违反国家及公司的原则，侵害到国家及公司利益时，有效采取措施，及时避免或最大限度地降低损失程度。

第六条　市场开发部处协同公司内有关部门根据无形资产所包含的内容，进行归类管理。

1. 对专利、专有技术、职务发明等进行登记管理；

2. 对著作权及其等同权利部分进行登记管理；

3. 对以公司无形资产为资本投资的企业产权及公司在社会产品中的挂名监制、产品广告、包装印刷等进行管理；

4. 凡涉及公司知识产权类的无形资产，在未进行评估前由公司知识产权保护管理办公室及科技处负责管理；知识产权类的无形资产经评估形成价值后，由市场开发部负责管理。

第七条　公司内各单位在其工作中，涉及公司无形资产使用及变动时，应及时上报市场开发部进行审核，经主管领导批准后实施。在实施过程中应严格遵照国家有关法律、法规执行。

第八条　所有评估的无形资产，必须得到公司的核准，由资产与后勤管理处出具核准书。任何未经评估、核准的无形资产原则上不允许与外界交易。

第九条　根据国家规定，允许以无形资产作价投资入股企业，所占比例按国家相关规定执行。以专利、专有技术、科研成果等含有公司知识产权的无形资产作价入股投资股份制企业，必须经会计师事务所进行资产评估，经市场开发部核准后，公司资产由资产管理公司统一运作。

第十条　公司鼓励应用无形资产参与市场经济活动并在其运作中保值增值，尤其是对资源性无形资产的有效利用。

第十一条　无形资产经营性使用，必须按照有偿服务的原则，向公司缴纳使用费。

第十二条　发明人拟将专利、专有技术、科研成果或含有公司知识产权的无形资产进行转让时，必须经公司审批后，签署转让合同，市场开发部备案，转让金按公司有关规定办理。与外界共同研发的项目按双方签订的合同执行。

第十三条　任何参与市场经济活动的行为涉及公司无形资产的，如在社会产品中挂名监制、产品广告以及向社会上提供有偿服务等，都要经市场开发部审核。

第十四条　公司各无形资产产出单位有义务、有责任随时将无形资产形成信息及时通过网络传输到市场开发部，充实无形资产管理库。

第十五条　凡公司投入到企业的无形资产，均以市场开发部出具的资信证明为有效凭证。

第三章　附则

第十六条　任何单位及个人都有权监督公司无形资产的使用情况。有责任劝阻、制止和举报违反本规定的人员和行为，对检举有功的单位和个人，公司将给予保护、保密和必要的奖励。

第十七条　公司将依法保护公司无形资产不受侵害，保护公司的正当权益。

第十八条　本办法自公司批准发布之日起生效。

第十九条　本办法由市场开发部解释。

四、体育场馆无形资产开发与经营案例

国家游泳馆水立方无形资产开发与经营

"水立方"作为国家游泳中心的特有名称，经过奥运的辉煌和荣光，现已成为具有独特价值的无形资产。以水立方独特造型和完美创意为灵感的特许商品，赋予独特的文化特色和收藏价值。

水立方开发的特许商品有：收藏纪念系列产品如水立方文房四宝，花样游泳徽章等；陶瓷类产品如茶具和碗；纺织类产品如包；奢侈品类如手表；数码产品如U盘，以及诸如钥匙扣、水壶等。如图

国家游泳中心（水立方）自主开发了水立方冰川水系列产品，产品开发、生产和销售全部由水立方自行完成。北京国家游泳中心有限责任公司是北京市国有资产经营有限公司的全资子公司，是"水立方"品牌的拥有者。

水立方还将"水立方"名称以及气泡外形特许贵州茅台酒股份有限公司，开发出水立方酒品系列。

水立方是奥运遗产之一，水立方经营者们为保护、利用好这笔遗产亦是使用了百般招数，采用了独立开发模式、合作开发模式以及委托开发模式。

独立开发模式，即体育场馆投入资金，组织技术力量进行体育场馆的无形资产开发，并独立经营。合作开发模式，即体育场馆同一个或一个以上的企业或个人共同投资、共同参与进行体育场馆无形资产的开发运营经营。委托开发即将体育场馆无形资产资源委托给受托方按照预先规定的合同进行开发、经营管理。水立方对体育场馆无形资产开发的实践一定能为体育场馆提供宝贵的经营管理经验。

第四节　体育场馆俱乐部经营

体育场馆内的俱乐部是由场馆经营者出面组织，会员在自愿、互助、互惠的基础上自主参加，并有相应的权利和义务的自由协会或团体。体育场馆经营者通过组建俱乐部吸收会员参加，并提供适合会员需要的服务，培养体育场馆的忠诚顾客，以此获得经营利益，实质上是市场上向消费者提供资源的一种供给组织形式。

一、体育俱乐部的类别

依据活动形式与活动目的，体育俱乐部大体可分为业余、职业和商业三种类型。

(一) 业余体育俱乐部

业余体育俱乐部是以体育为共同爱好的人自愿组成的自治体育团体，属社团体育系统。其主要任务是组织自由参加的会员利用业余时间开展体育活动。一般以开展大众体育为主。

(二) 职业体育俱乐部

职业体育俱乐部是指拥有由职业运动员组成的、有资格参加全国职业队联赛的职业运动队，并通过参赛、无形资产开发、会员转会等途径盈利的经营性体育俱乐部。

(三) 商业体育俱乐部

商业体育俱乐部是近年来基于"花钱买健康"的消费观念而兴起的以盈利为目的的体育服务产业，包括健康城、健美中心、保龄球、旱冰场、高尔夫球场、网球场等。

二、俱乐部的功能

对于顾客而言，俱乐部具有如下功能。

(一) 社交功能

如以运动为主要活动内容的俱乐部，就具有良好的社交功能。许多人参加团体运动项目是为了运动中那种亲密无间的情谊及希望有一个归属。

(二) 娱乐功能

俱乐部成员的一个重要活动内容就是娱乐。

（三）心理功能

成功的俱乐部能够起到满足安全、地位、社交这三种需求的作用。

（四）力量功能

一个人一旦成为某一俱乐部的成员，就会树立更强的信心，感到集体力量的强大。

三、俱乐部的组织结构

俱乐部既可以是体育场馆的一项业务单位，也可以作为体育场馆的子公司以独立法人实体存在。俱乐部采取总经理负责制度，在财务上进行独立核算。图3-4给出了俱乐部一般的组织结构。

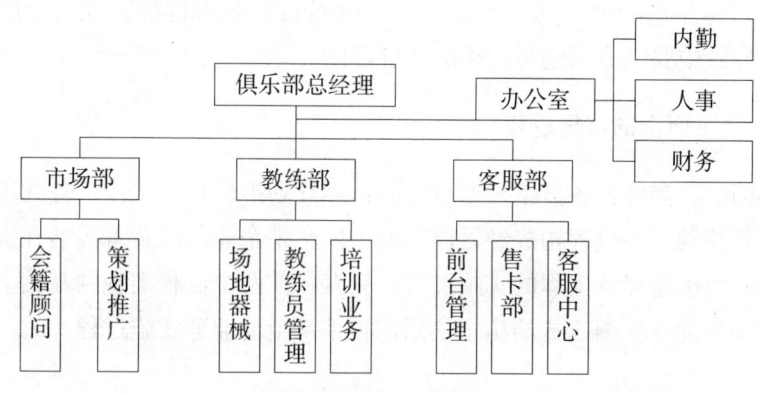

图 3-4　俱乐部组织结构示意图

体育场馆俱乐部各个部门分工与职责具体如下。

总经理：负责俱乐部总体战略以及目标计划的制定，对日常工作进行总体控制，对例外进行管理。

办公室：下设内勤、人事、财务三个工作内容，主要负责俱乐部信息流、资金流、人流的运转与沟通。

市场部：负责会员招募、营销策划与实施。

教练部：主要负责场地器材的使用与维护，教练人员的日常管理。

客服部：主要负责服务流程设计、实施与管理；内部员工的服务意识培训。

四、俱乐部的运营流程

运营流程经历三个过程：自下而上的信息收集过程、自上而下的战略目标贯彻过程、自下而上的实施过程。

(一) 自下而上的信息收集过程

各部门收集与工作内容相关信息，并根据信息制定本岗位、本部门的目标计划。这是经营过程的起点，即调查预测阶段，也是经营必不可少的环节。很多企业的失败始于起跑线的。

(二) 自上而下的战略目标贯彻过程

在收集各部门信息以及制定目标计划基础上，总经理制定俱乐部年度总计划，并将目标层层分解，落实到最基层。这是目标分解过程，也是分层授权过程。目标分解中要注意激励与约束的适度搭配。

(三) 自下而上的实施过程

各部门、各岗位、各员工根据自己的目标计划推进日常工作，各管理层对日常工作进行控制。该过程构成经营流程的主体，是企业与消费者沟通并实现服务传递的过程，也是经营流程的实施过程。只有在前两个流程实现的基础上，这个过程才能顺利展开。图3-5给出了俱乐部自下而上的业务实施过程。

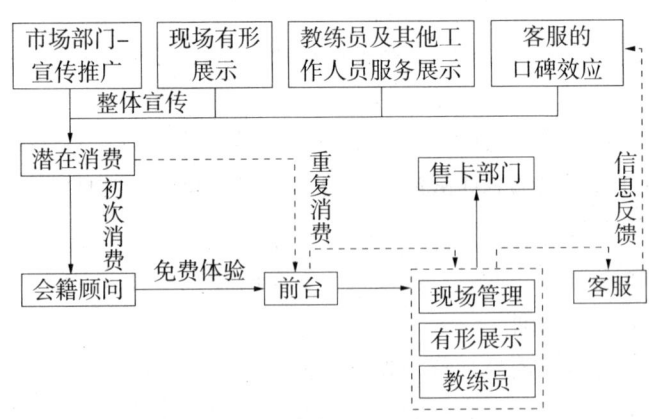

图 3-5　俱乐部经营流程示意图

俱乐部经营过程的实现、客户取得与维护，都不是一个部门能单独完成的，它需要各个部门相互配合，协同作战。

五、俱乐部产品及服务设计

产品并非仅仅指提供某种效用的物品的形态，它是一个整体的概念。整体产品构成包括核心产品、形式产品和延伸产品。核心产品是产品满足消费者的基本效用；形式产品是效用实现的具体形式；延伸产品是消费者在消费过程中获得的超过基本效用的附加值。

俱乐部提供的核心产品为：消费者通过运动获得的效用，这些效用概括起来有运动爱好、健身需要、商务拓展。俱乐部提供的形式产品为：能够让消费者获得效用的基本形式，俱乐部的形式产品主要为健身卡。俱乐部提供的延伸产品为各类增值服务，如免费运动项目、免费体检、免费停车、会员活动、保健康复体验等。

不同消费者的消费需求不同，因此产品设计不同，这种不同主要体现在健身卡所提供的服务内容差别上。因此，俱乐部的产品可以用两个名词来描述，即健身卡和会籍。

（一）健身卡

1. 健身卡的定义、目的及功能

健身卡是采用会员制的企业为确认会员身份而设计的 ID 卡，同时也是客户忠诚度的培育卡。

会员制是一种人与人或组织与组织之间进行沟通的媒介，它是由某个组织发起并在该组织的管理运作下，吸引客户自愿加入，目的是定期与会员联系，为会员提供具有较高感知价值的利益包。具备以下特征的企业适合采用会员制：①产品或服务具有社会性；②产品或服务具有重复消费的可能；③产品或服务需要深度服务；④目标消费群体容易锁定，并且数量在服务能力之内。

为鼓励会员积极参与健身，培育并增进会员的健身忠诚度，特设置了多种可供自由选择的健身卡。健身卡的功能有：①持卡人能参与指定的健身项目；②能够享受累计消费所馈赠给客户的促销计划；③能够在体育场馆内各商务地点刷卡消费；④能使用体育场馆内所有免费体育资源。

2. 健身卡覆盖的服务项目

俱乐部提供的服务项目包括运动项目、保健项目以及生活配套项目。俱乐部

在试营业阶段，可以通过少数项目的对外开放检验管理流程及各项管理系统，锻炼队伍，收集经验，为后续正式营业打下基础。在正式营业阶段，可根据现有条件最大限度地整合资源，为目标客户群体提供尽量丰富的各项服务产品。随着俱乐部的日益发展与完善，后期可以根据体育场馆的战略规划设置完备的服务项目组合以满足目标客户群体的需求。

表3-2给出了以体育场、体育馆和游泳馆为主要建筑群体的虚拟体育中心各阶段健身卡覆盖服务项目列表。

表3-2 健身卡覆盖服务项目一览表

服务项目分类	项目名称	试营业期	正式营业前期	正式营业后期	备注
运动项目	羽毛球	√	√		
	乒乓球	√	√		
	室内篮球		√		
	器械健身		√		对会员免费
	台球			√	
	保龄球			√	
	沙壶球			√	
	游泳	√	√		
	嬉水			√	
	室外网球		√		
	室外足球		√		
	室外篮球		√		对所有公众免费
	室外门球			√	
	室外地掷球			√	
	室外拓展			√	
	电子竞技		√		
	健身路径		√		对所有公众免费
保健项目	水疗			√	商务会员
	保健按摩			√	对商务会员免费
	中医理疗			√	商务会员
	体质检测及健康指导			√	对会员免费
配套项目	购物	√	√		
	餐饮			√	
	KTV			√	
	住宿			√	
	商务洽谈			√	商务会员

3. 健身卡的种类

健身卡的设置方式很多。通常按照消费时间设置为年卡、半年卡、季卡、月卡；按照从量计费或从价计费，可以分为次卡、储值卡。当然也可以按照会员种类区分为团体卡、个人卡；按照会员资格区分为普通卡和VIP卡。最理想但也最难的一种卡设置方式是按照消费者受益不同进行卡的开发，如阳光健身卡系列。

阳光少年健身卡：根据国家"阳光健身一小时"提出。"阳光健身一小时"即青少年必须保证每天一小时的健身时间。但这一规定并没有上升到法律层面。

阳光团队健身卡：将阳光健身举一反三，推举到企业。企业员工或行政机关、事业单位的公务员在推行"拉灯计划"的同时，也必须保证必要的锻炼，形成有如阳光般朝气蓬勃的团队。

表3-3给出了部分健身卡的种类。表中所列卡的种类不能完全概括不同俱乐部所有卡系列，因为各体育场馆资源不同，社会价值观念也在逐步变化，许多新品卡种将会依具体环境而被创意地开发出来。

表3-3 健身卡种类及说明表

消费者类别	会员类别	卡种名称	备注
散客	个人非会员	游泳次卡	按消费次数计价，也称为次卡
		羽毛球次卡	
		乒乓球次卡	
		年卡	在一定时期内消费储存一定货币，消费次数不限制，也称为储值卡
		半年卡	
		季卡	
		月卡	
		阳光少年卡	根据不同的消费群体设计的促销卡种，为储值卡
		丽人卡	
		SOHO卡	
		情侣卡	
		单身贵族卡	
		银发卡	
		老年高血压保健年卡	
		……	
	团体非会员	游泳团体卡	针对团体，分项目设计的储值卡
		羽毛球团体卡	
		乒乓球团体卡	
		阳光团体卡	
会员	商务会员	永久会员卡	拥有会籍的储值卡
		VIP—钻石卡	
	一般会员	VIP—金卡	
		VIP—银卡	
		普通会员卡	

(二) 会 籍

会员种类实质上是对目标受众的细分。区分会员种类的目的是为了更好地服务于目标消费群。会员分类及解释见表3-4。

表3-4 会员分类及说明表

分类依据	会员分类	说 明
自然人或法人	团体会员	以企业法人，或事业、行政机关部门的名义进行会员注册，凡该单位的员工均可享有会员卡规定的各项服务
	个人会员	以个人名义进行实名制会员注册，持卡人可以享有会员卡规定的各项服务，会员卡可以过户转让
服务项目组合	综合类健身会员	选择多项运动及服务项目的会员
	普通单项健身会员	选择单项运动项目的会员
	医疗保健卡会员	仅选择医疗保健服务的会员
	商务会所会员	商务会所高端会员

在重复消费中，由于消费和审美疲劳周期的影响，会导致消费的衰减。为此，需设计会员激励制度。会员制可以通过采用多级会员资格法，激励顾客消费，获得会员资格的晋升。会员资格及说明见表3-5。

表3-5 会员资格及说明表（注：表中数据为虚拟数据）

个人会员资格	资格取得途径	激励和晋升方案
普通会员	一次办理500元卡或者3个月累计消费500元，即可办理普通会员储值卡（次卡）	1. 消费20元积1分，不足金额不计； 2. 办理会员（入会）即送礼； 3. 会员生日当月可带领1名亲友免费体验； 4. 会员可免费获取诸如《健身指南》杂志等免费咨询； 5. 累计分数达300分，可升级为银卡会员
VIP—银卡会员	一次办理5000元卡或消费积分达300分	1. 积分同上； 2. 入会即送礼； 3. 会员生日当月可带领2名亲友免费体验； 4. 会员可免费获取诸如《健身指南》杂志等免费咨询； 5. 在有赠送活动日消费，可获得双份赠品； 6. 可参加定期举办的体验交流活动； 7. 累计积分800分，可升级为金卡会员

(续表)

个人会员资格	资格取得途径	激励和晋升方案
VIP— 金卡会员	一次办理 15000 元卡，或消费积分达 800 分	1. 积分同上； 2. 入会即送礼； 3. 会员生日当月可享受一定的折扣，并可带领 2 名亲友免费体验； 4. 会员可免费获取诸如《健身指南》杂志等免费咨询； 5. 在有赠送活动日，不消费也可获得赠品，消费即获得双份； 6. 可参加定期举办的体验交流活动； 7. 提供每年 1 次免费体检； 8. 年终参加会员答谢大型集会活动； 9. 提供企业家交流平台； 10. 体育设施优先使用权； 11. 累计积分 1500 分，可升级为钻石会员
VIP— 钻石卡会员	一次办理 28000 元卡，或消费积分达 1500 分	1. 积分同上； 2. 入会即送礼； 3. 会员生日当月可享受一定的折扣，并可带领 2 名亲友免费体验； 4. 会员可免费获取诸如《健身指南》杂志等免费咨询； 5. 累计分数达 300 分，可升级为银卡会员； 6. 可参加定期举办的体验交流活动； 7. 提供每年 1 次免费体检； 8. 年终参加会员答谢大型集会活动； 9. 提供企业家交流平台； 10. 赠送体育中心大型活动门票； 11. 体育设施优先使用权； 12. 累计积分 5000 分，可升级为永久卡会员
永久会员卡	一次办理 100000 元卡，或消费积分达 5000 分	1. 积分同上； 2. 入会即送礼； 3. 会员生日当月可享受一定的折扣，并可带领 3 名亲友免费体验； 4. 会员可免费获取诸如《健身指南》杂志等免费咨询； 5. 可参加定期举办的体验交流活动； 6. 提供每年 1 次免费体检；并提供健康指导； 7. 所有项目均可享有一定折扣，并提供部分免费项目； 8. 提供企业家交流平台； 9. 赠送体育中心大型活动门票； 10. 体育设施优先使用权

第五节　运营与开发的业务拓展

体育场馆是体育产业发展的物质基础，也是文化娱乐活动开展的空间，更是人们健身、休闲、娱乐必不可少的生活空间。但是，体育场馆做为体育产业发展的物质基础，位于体育产业价值链的低端，要想获得市场竞争力、形成较高的附加价值，必须走创新之路，探索体育场馆运营与开发的新模式，衍生能满足人们体育与文化需求的更具生命力和竞争力的业务类别。

一、体育场馆运营与开发业务拓展的方向

体育场馆新业务的拓展应沿着价值链的方向进行向上、向下或者跨越价值链的拓展。

(一) 价值链

哈佛商学院教授迈克尔·波特（Michael Porter）1985年在《竞争优势》一书中提出，"每一个企业都是在设计、生产、销售、发送和输出其产品的过程中进行种种活动的集合体。所有这些活动可以用一个价值链来表明。"价值链不仅存在于单个企业活动中，也存在于不同企业之间。随着产业内部分工不断向纵深发展，其价值创造活动通常由多个企业共同完成，这些企业相互之间构成上下游关系，共同创造价值。故而把围绕服务于某种特定需求或进行特定产品生产或服务提供中所涉及的一系列互为基础、相互依存的上下游链条关系称为产业价值链（industrial value chain）。

(二) 体育产业价值链

从自然资源到形成商品或劳务，直至满足消费需求形成价值的过程，体育产业价值链如图3-6所示。

自然资源提供	设计	经营	销售	服务形成	
体育用品生产；场地建设；体育旅游资源形成	赛事策划；竞赛规则设计；健身方案设计；体育培训方案设计	赛事组织管理；赛事、明星品牌培育；体育节目制作；健身、休闲、娱乐产品组织管理	赛事、球员、球队、健身休闲娱乐产品等体育产品的销售	赛事举办；体育节目播放；提供健身、休闲、娱乐服务	满足需求，形成利润
体育用品公司、体育金融公司、体育博彩公司、体育场馆建筑公司、体育设施公司、体育旅游公司等					

图 3-6 体育产业价值链

体育产业价值链活动的最终输出是产品与服务。体育产业组织投入资源经各种作业加工变化后形成目标市场的产品，在产品上凝聚着价值链活动所创造的使用价值与价值。体育产业组织追求的目标是使客户认可的价值或愿意支付的费用大大超过总体运营成本，在这样的条件下从中获取利润。价值是体现买卖双方双赢甚至多赢的概念，只有使产品和服务不断满足客户变化中的价值观，才能持续不断地获取利润。

二、体育场馆链式发展

（一）体育场馆链式发展的含义

链式发展中的"链"包含着供应链、价值链、空间链、企业链四种类别。链式发展的根本要务是合理规划、选择、建设四种链条，以形成企业或者链条的核心竞争力。当代管理方法中，提得较多的是供应链管理思想和价值链管理思想。供应链管理侧重于从供应的链条中控制成本，从低成本中获得企业的竞争优势；价值链管理侧重于价值增值的环节分析，力求从最大化顾客价值中获得企业的竞争优势。空间链条在现实市场中以产业集群的形式得以体现，企业链条以产业联盟的形式得以体现。

体育场馆链式发展，即体育场馆应着眼于各种产业链和自身的供应链及价值链的分析，优化资源配置，控制作业成本，增加场馆附加价值，以提高体育场馆竞争力，如图3-7所示。

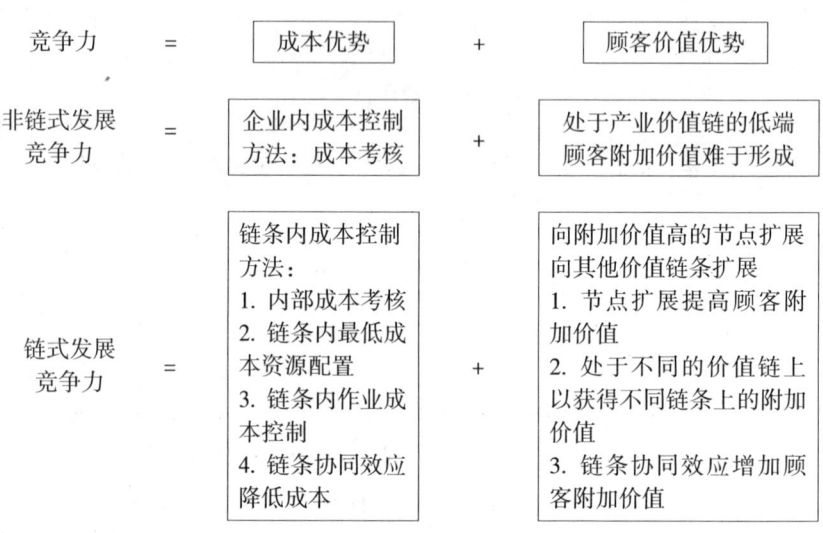

图3-7　体育场馆链式发展竞争力构成示意图

（二）体育场馆链式发展的模式

1. 链式发展的一般模式

划分模式的标准是看产业链中主要节点之间的主要企业间的关系。企业之间有三种主要关系及契约形式，即纯粹的市场交易关系、产权关联式关系（体现为企业通过收购、并购、持股、控股、参股等形式对其他企业进行控制）、准市场式关（亦即企业间通过"关系型契约"所建立的较稳固的关系）。根据上述关系和契约形式，链式发展的模式可以分为市场交易式、纵向一体化式、准市场式和混合式四种。

市场交易式模式指产业链中企业间是完全的市场交易关系。企业在产业链中的地位平等，靠供需链而组成一个有机的链条。它的优点在于：整个产业链中不存在垄断利润的节点，企业生产不会受制于某些厂商。缺点在于：产业链中的商品迂回程度较低，供需链中的技术链较短。此外，过于"独立"式的生产不利于整合企业内、外部资源，不利于社会分工的发展和整体产业链价值的最大化。另外，由于除了自己生产的产品以外都来源于外购，产品生产受市场环境的影响大。

纵向一体化式模式指核心企业通过向产业链上游和下游的纵向一体化扩张而形成的产业链。产业链中的企业同属于一个企业集团或总公司，有着产权的关系纽带。总公司或集团公司通过控股或自建等方式对其他企业保持着强有力的控制，靠企业间的产权纽带形成一个链条。它是一种在产业链内部进行"自给自足"的模式。这种模式能够将产业链的各个环节纳入同一个经营体内，形成风险共担、利益共存、互惠互利、共同发展的经济利益共同体。

准市场式模式指核心企业或龙头企业通过虚拟、OEM、ODM、特许经营连锁、外包、战略联盟、租赁等既非市场交易又非产权控制的形式，以及处在自己上游或下游的企业形成的一种既非完全市场交易又非企业集团内部关系的产业链。

混合式模式指含有市场交易式、纵向一体化式、准市场式这三种产业链模式中的两种或三种的结合模式。这种模式是现实中最为常见的一种类型。它是指在同一条产业链中的某一部分是一种产业链模式，而另外一部分又是另外一种产业链模式。

2. 体育场馆链式发展模式

根据体育场馆业自身发展规律，在结合链式发展一般模式基础上，总结出体育场馆链式发展的模式有：业务外包模式、纵向一体化拓展高附加值节点模式、跨价值链多元化拓展模式和战略联盟模式。

（1）业务外包模式

社会经济的发展与技术的进步，使社会分工不断深化，企业许多价值增值环节被分为更长更细的价值增值环节。实行业务外包战略是将所有环节优势叠加与资源优势共享的有效战略。体育场馆业务外包，是指场馆管理部门通过与外部企业签订合约的方式，将非核心业务进行外包，利用外部专业化管理团队为自身提供所需的服务内容,以达到降低运营成本、提高效率、增强自身核心竞争力及环境应变能力的一种管理模式。业务外包模式形成的链式发展如图 3-8 所示。

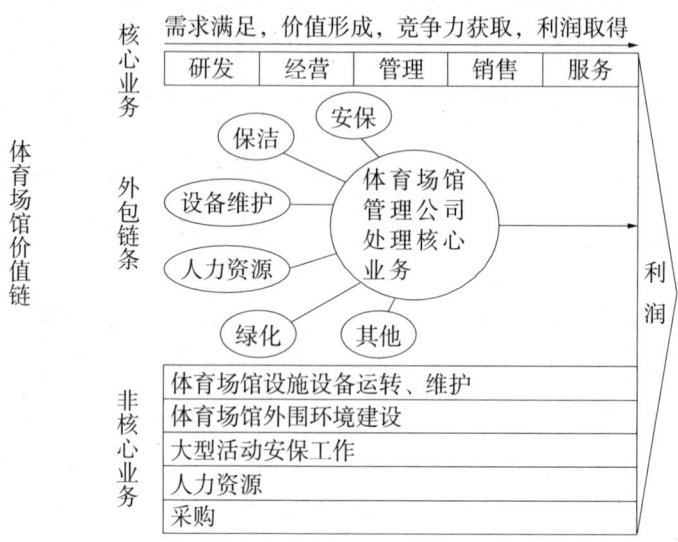

图 3-8　业务外包链条示意图

(2) 纵向一体化拓展高附加值节点模式

即指通过对产业价值链上高附加值节点业务的拓展以及对高附加值企业的横向与纵向兼并、收购,实现企业产业链资源的内部化,以提高对顾客的价值回报,提升企业的竞争力。该模式包含两种行为,一是体育场馆业务向体育产品设计研发、经营管理、销售服务等方向延伸;二是兼并、收购具有高附加值的节点企业,即纵向一体化。该种模式用如图 3-9 所示。

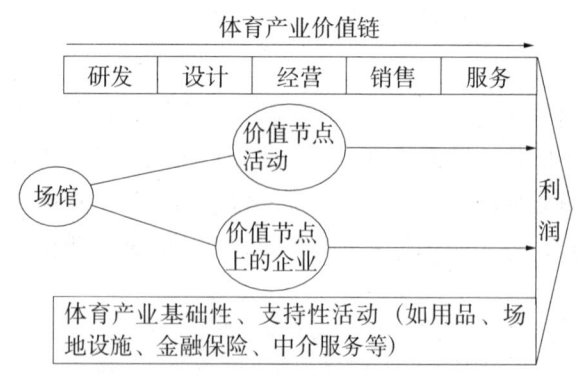

图 3-9　纵向一体化链式发展模式示意图

(3) 跨价值链多元化拓展模式

体育场馆不仅存在于体育产业的价值链条上,也存在于诸如文化产业、房地产业、零售业、旅游业、餐饮行业、住宿行业,甚至制造业等其他产业的价值链条上。跨价值链多元化拓展模式指体育场馆通过自主开发高附加值节点业务、业务外包、兼并收购、战略联盟、虚拟、OEM、ODM、特许经营连锁、租赁、获得股权等多种方式进入另一个价值链条,为顾客增加价值,获得市场竞争力。

(4) 战略联盟模式

即指通过与产业链上相关企业建立契约关系,进而实现对其相关资源的利用与支配。由于体育企业之间存在着资源的相互依赖性和价值活动的多元化性,这些资源和价值活动在联盟中能够得到新的组合和延伸,使企业降低交易成本,获取更多的潜在利润。与产业价值链的上下游企业建立战略联盟,不仅提高了产业进入壁垒,还可以使联盟各方共享知识,将自身主要资源集中于产业价值链的核心战略性环节,进行互补或合作性研发、生产,提高研发与生产效率,缩短新产品开发与投放市场的时间,降低成本,提高研发成功率;与替代者建立战略联盟是实现对潜在竞争者积极防守的有效途径;可以优化产品结构;满足消费者的多元化需求,提高消费者的满意度。

三、体育场馆业务拓展的形式

(一) 创意活动

为弥补大型活动资源的匮乏,体育场馆在加强与外界联系争取引进各种大型活动的同时,自力更生,根据区域企业与市场的需要,积极自主筹划各种大型活动,例如深受区域政府青睐的趣味运动会、健康家庭节等。或者借助举办大型体育赛事的机会,自行策划、组织各种相关活动。创意活动既利用了现有场馆资源,又为场馆开发出了新的产品。

(二) 体育培训

体育培训市场是体育主体市场的一个重要组成部分,它是以体育运动技术或某一项目的技术指导为商品并提供相关服务的场所,对象主要是青少年儿童,也包括对锻炼身体和运动技术技能的学习有兴趣爱好的成年人。体育培训市场的不断繁荣不仅能够带动其他体育市场,也有助于增加体育人口数量、推动我国社会体育的发展,更是竞技体育发展的基础。目前,我国的体育培训市场大致分为两大类：体育技术培训市场与体育职业培训市场。体育技术培训主要是指广大体育爱好者为了掌握与提高运动技术技能而参加的体育培训，这类市场主要是为满足不同人群在身体锻炼与掌握运动技术等方面的需求，从事各项运动技术指导等经营服务的行业。体育职业培训是由国家主管部门制定或所属行政单位与学校对社会所需的体育专业及相关人员进行的岗前或上岗培训。

（三）场地租赁

体育场馆租赁经营是指体育场馆出租人将体育场馆交付承租人使用及通过经营获取收益，承租人向体育场馆支付租金的一种场地运营方式。不管是企业还是事业单位，都有一些长期不用或少用的体育场馆。同时，又有许多单位或个人迫切需要使用这些体育场馆。有些体育场馆在有些人看来已经是淘汰过时的、不适用的，但对于普通百姓来说，还是可用的。通过租赁方式盘活闲置体育场馆，在解决了供需矛盾的同时，也发展了群众体育事业和体育产业。

（四）建立战略联盟，共同开拓商业机会

与运动项目管理中心建立战略联盟关系，获取共同开拓体育赛事市场的机会。与演出公司或者文化传播公司建立战略联盟关系，获取共同开拓文化娱乐活动的机会。如2009年武汉体育中心先后与湖北省及市演出中心、楚天演出公司、湖南壹贰叁文化传播公司及新建文化传播公司进行深度合作，运作了蔡琴、纵贯线等众多明星演唱会，并与长沙壹贰叁文化传播公司等部分企业签订战略合作协议，建立战略联盟，武汉体育中心成为上述文化传播机构在武汉市举行文化演出的主要场所，并负责部分市场的开发与推广工作。

思考题

1. 简述体育场馆的运营内容。
2. 体育场馆在体育赛事实施时的主要工作内容有哪些？
3. 体育场馆无形资产开发的模式有哪些？
4. 给出体育场馆俱乐部会员卡的创新类别。
5. 谈一谈你对体育商业圈的看法。

[案例3]

五台山体育中心的广告发布权开发

体育场馆广告发布权是广告主通过租用或购买等付费方式有偿使用体育场馆内、外以及周围的广告空间资源的权利,通过发布广告的方式来宣传自己和提升企业形象,以期达到塑造和强化品牌、提高消费者忠诚度以及提高经销商信心等目的的一种商业行为。

一、基本情况

江苏省五台山体育中心坐落在南京市区的五台山囤,超出周围地面约16米。距离中心鼓楼、新街口约1公里,交通便利。五台山体育中心每年都举行数场赛事及大型演艺活动。2005年在承担十运会办赛的同时,顺利完成23场比赛任务,并承接了南京市元旦长跑和音乐情景剧《雪狼湖》等大型活动。

二、广告发布权开发情况

五台山体育中心具有比较雄厚的广告资源,2005、2006年五台山体育中心的广告发布权由五台山体育中心经营的广告公司负责代理,而2007年则外部委托给南京威迪体育广告公司进行运作。表3-6阐释了2007年五台山体育中心广告开发的空间、数量及价格情况。

表3-6 五台山体育中心广告开发空间一览表

类别	位置	数量	价格
体育馆外	馆外楼顶;馆外二楼护栏;馆外进口处;馆外幕墙;馆外墙体;馆外标座;馆外二楼过道	共13组,约208块	平均约15万元/块/年
体育馆内	馆内幕墙;馆内电子屏处;馆内看台处;馆内赛场广告位;馆内进口处;馆内过道处	共18组,约332块	平均约12万元/块/年
临时性广告	馆外竖幅广告;馆内活动临时性广告牌		价位由400元到2万元/块不等
新型媒体广告位	体育中心各处的单/双面高杆指示牌;馆内进口处门头的2D水晶板三画面;体育中心周边广场双旗四画面道旗;馆外进口处门头、体育中心进口处等处的全自动三面翻;馆内周边围栏、游泳馆外墙等处的幕墙式滚动+画面	共17组,约360块	价位由2万元到60万元/块不等

注:上表根据南京威迪体育广告公司和五台山体育中心有关数据整理而成。

三、主要运作方式

五台山体育中心主要采取了委托给广告公司的方式进行广告发布权开发经营,在委托经营期间受委托的广告公司拥有五台山体育中心各大场馆室、内外广告媒体,具有各类广告发布权。尤其是在十运会期间受委托的五台山体育中心广告公司积极利用体育场馆现有资源进行广告发布权的开发,取得良好的效益。

[案例分析提示]

五台山体育中心在进行场馆广告发布权的开发中充分运用了交通便捷、整体的商业环境、场馆的社会知名度和承办赛事、大型活动的机会等有利条件,结果在合理配置场馆无形资产资源的同时,也挖掘到了其潜在的经济价值。五台山体育中心所采用的这种委托经营方式也无疑给体育场馆在广告发布权经营上提供了一个成功范例。

五台山体育中心的广告发布权开发经营中相当大的一部分依赖于体育场馆举办的赛事活动及其他各种演艺活动的时机带动。而这种频繁性活动是五台山体育中心特殊现象,大部分体育场馆或由于地处偏僻之处,或由于体育场馆规模不够大等出现大型活动缺乏现象。因此其他场馆在进行广告发布权开发时应考虑到在非赛事时期的广告发布权该如何有效经营。体育场馆在进行广告发布权开发规划伊始,首先应依据本地情况对该经营进行科学的咨询论证,确立适当的发展谋略,从而减少未来的不确定性以规避风险。

第四章　体育场馆营销

[内容提要]

本章主要介绍体育场馆营销及营销战略的内涵，简要介绍了体育场馆经营战略规划制定的过程，阐述了体育场馆战略决策基本原理并介绍了体育场馆的战略类型、市场营销战略以及体育场馆营销手段和工具，同时通过经典案例介绍了这些手段和工具在体育场馆营销实践中的具体操作和运用。

体育场馆的经营活动，不仅要以满足体育消费者和用户的需要为目的，而且其成果也必须以得到社会承认为尺度。因此每一个体育场馆必须重视市场营销工作，分析市场环境、明确营销战略、选择并创新营销手段，整合并创新营销策略，从而使自己生产、提供的产品和服务能符合市场需求，做到适销对路，最终取得良好的经济效益并获得进一步的发展。

第一节　体育场馆营销战略规划

体育场馆市场营销战略规划对体育场馆营销工作具有重要的指导作用，是体育场馆经营过程的灵魂。营销战略规划是体育场馆为了实现自己的目标、任务，在综合考虑外部市场机会及内部资源状况等因素的基础上所制定的具有长期性、全局性、方向性，对体育场馆营销具有指导意义的科学合理的计划安排。营销战略规划包含战略分析和战略选择两个部分。

一、体育场馆营销战略分析

营销战略分析内容主要包括：分析目前营销状况，确定营销战略任务，分析营销战略优势与劣势、机会与威胁，确定转变劣势与威胁的支持性计划。

主要从市场、产品、竞争、分销和宏观环境五个现状来分析目前的营销状况。

市场现状主要是通过消费者需求、观念和购买行为的变化趋势等来分析当前目标市场的规模和增长趋势。

产品现状主要分析体育场馆产品或服务的销量、价格、利润等指标的变化。例如广告位的价格和售卖量、门票的价格和销售额、俱乐部会员的年会费和会员人数等，以此来判断产品的发展状态。

竞争现状主要分析同类体育场馆的规模、战略、产品项目及产品特色、定价、分销、促销、与政府的关系以及市场份额等方面的变化。

分销现状主要分析各个分销渠道上产品的销售量以及每个渠道重要地位的变化。这种变化不仅包括分销商、经销商能力（如门票的分销）的变化，而且包括激励他们经销热情所需要的价格和贸易条件。

宏观环境现状主要分析对营销前景有某种联系的客观环境的主要趋势，如体育场馆所在城市及其周边的人口因素、交通因素、经济因素、技术因素、社会文化因素等的发展趋势。

通过营销现状分析取得了大量可靠的数据资料之后再对体育场馆每一个业务单位所面临的机会威胁、优势劣势进行分析。

二、体育场馆营销战略选择

经过战略分析后,对开展的业务领域进行思考与选择,确立营销目标,即制定总体战略规划;一旦选定了某种类型的经营任务,体育场馆或者场馆下的一项经营业务单位如何选择目标市场?如何进入该目标市场?如何面对竞争?如何让业务增长?对这些问题的回答构成了体育场馆经营战略,具体包括目标市场战略、竞争战略以及业务(或企业)发展战略;总体战略以及经营战略明晰后,生产、销售、财务、人力资源等各职能部门在总体战略、经营战略中的任务、责任和要求有哪些?亦即构成了职能战略。

(一)体育场馆总体战略选择

总体战略又称为公司战略,是企业最高层次的战略。体育场馆属于多种经营的企业(或者组织机构),尤其需要根据企业使命选择参与竞争的业务领域,合理配置资源,使各项业务经营相互支持、协调。

1. 认识体育场馆的使命

综合考虑体育场馆的历史和文化、所有者和管理者的意图和项目、市场的发展趋势、企业的资源条件以及核心竞争力等参考因素,回答体育场馆能干什么,该干什么。

2. 分析体育场馆战略经营单位,规划投资组合

战略经营单位(SBU,submit business unit)是一个企业值得专门为其制定经营战略的最小经营管理单位。体育场馆战略经营单位可以是一个部门,如文化活动部、体育活动部、俱乐部;或者指一个部门中的某类产品,甚至某种产品,如文化活动部下企业文化活动、大型文娱表演等。总体战略的规划必须考虑把有限的资源进行合理配置,以获得效益,增加竞争优势,这就需要对战略经营单位及其业务状况进行评估、分类,确认其前景和潜力,从而决定资源分派方向。

不同企业规划投资组合选用的方法不同,波士顿矩阵法以及通用矩阵法是被大多数企业采用的两种规划投资组合方法。一般选择恰当的指标分别衡量战略经营单位所在行业(或市场)的增长状况,以及本企业战略经营单位的竞争状况。衡量指标可以是单一指标,如波士顿矩阵法用整个行业销售增长率来表示行业增长状况,用本企业或战略经营单位的销售量占整个行业的比率来反映竞争状况。也可以是复合型指标,如通用矩阵法用行业历史毛利润率、行业销售增长率等衡量市场增长特性,用企业市场份额、分销能力、产品质量等反映竞争特性。

对于行业增长性强、本企业又具有竞争优势的业务,需要加大并保障资源的投入;反之,对于行业增长性弱、本企业又不具竞争优势的业务,则逐步淘汰并放弃该业务,撤回资源。对于行业增长性不够但企业市场占有率较高、具有竞争优势的业务,采取收获法则,将收获的利润投入到增长性业务当中。对于行业增长性强而企业不具竞争优势的业务,则要具体问题具体分析,选择加大投入或者选择放弃。

3. 规划体育场馆新业务发展战略

投资组合规划对已有的战略经营单位是否该继续加大投入,是否该放弃作出了选择。同时,体育场馆也要不断考虑如何发展新业务,以代替萎缩或正被淘汰的现有业务。根据新业务与现有业务之间的关系,可以将新业务发展战略分为密集型发展战略、一体化发展战略和多元化发展战略三大类(表4-1)。

表4-1 新业务发展战略类型

密集型发展战略	一体化发展战略	多元化发展战略
市场渗透	后向一体化	同心多元化
市场开发	前向一体化	水平多元化
新产品开发	水平一体化	综合多元化

(1)密集型发展战略

密集型发展战略是指体育场馆利用现有业务内的市场机会以寻求增长和发展,分为市场渗透、市场开发和新产品开发三种类别。

市场渗透:改进现有市场的营销组合,增加现有消费人群的重复消费率,达到市场渗透、增加销量的目的。例如,俱乐部利用会员卡充值积分、充值有礼的办法,激励现有消费者增加购买。

市场开发战略:选择现有产品的新目标市场群体。例如,俱乐部羽毛球项目在上班日的上午9-11点经常出现空场现象,可以通过设计银发卡开辟退休老年人群市场,银发卡只在该时间段享受更多折扣或更多增值服务。

新产品开发战略:设计新的产品满足现有目标市场的新的需求。例如,增加羽毛球运动护具系列商品的售卖,满足经常到俱乐部打羽毛球的消费者增强运动损伤防护的需求。

(2) 一体化发展战略

一体化发展战略指利用与现有业务有直接联系的市场机会以寻求发展，分为后向一体化、前向一体化和水平一体化三类。

后向一体化：兼并、收购生产要素供应商，拥有或控制供应系统。体育场馆的生产要素包括土地、资本（资金和机器设备）、人力资源、赛事资源、文化活动资源等。例如，为了避免文化活动的高额中介费用，体育场馆可以兼并、收购演出经纪公司，在保障自身演出活动供应的前提下，也能开辟出演出经纪这一新的业务领域。

前向一体化：兼并、收购体育场馆产品和服务价值链下游厂商。体育场馆的下游厂商类别有票务销售机构、广告公司、体育场馆专业管理公司、绿化保洁公司、保安公司、餐饮公司、地勤接待公司、体育活动策划咨询公司、体育用品销售企业等。

水平一体化：争取同类企业的所有权或控制权，或者实行各种形式的联合经营。例如，建立体育场馆联盟，一方面场馆联盟可以提高与赛事经纪公司或演出经纪公司的议价能力，同时也获得了联盟场馆的活动、技术、人员等多方面支持。

(3) 多元化发展战略

多元化发展战略指利用现有业务范围以外领域出现的市场机会以寻求发展，可分为同心多元化、水平多元化和综合多元化三种类别。

同心多元化：利用现有的技术或营销资源开发新的业务。例如，除了引入体育赛事、文化演出活动外，春节推出庙会直至正月十五的灯会，情人节开辟运动相亲会，三八节打造高跟鞋运动会，五一节加大引进企业运动会，六一节与有实力的婴幼教育机构打造宝宝奥运会，全民健身日推出体育文化节等，以充分利用体育场馆在大型活动举办中的物资条件、营销资源以及管理经验等方面的优势。

水平多元化：使用新的技术在现有的市场上开发新业务。例如，"运动家俱乐部"开始生产"运动家"营养品和"运动家"运动损伤防护用具，这些产品主要在俱乐部售卖，俱乐部会员是主要消费群体。

综合多元化：以新业务进入新的市场，新业务与现有技术、市场以及业务没有联系。例如，体育场馆在其他区域购买了地皮，准备做房地产开发，或者收购了一条电子产品的生产线等。综合多元化需要企业投入大量的资源，面对新的市场不确定性因素很多，因而该战略存在巨大的经营风险。

（二）体育场馆目标市场战略选择

市场细分、目标市场选择和市场定位被称为目标市场战略选择三部曲。

1. 市场细分

消费者的需求是多样化的，按照消费者所处地理环境，或按照年龄、婚姻状况、收入状况、民族、受教育状况等人口因素，或按照消费者的心理因素、行为因素以及消费受益因素等，依据一定的方法如一元细分法（仅选择一个因素）、多元细分法（选择多个因素）、变量细分法（由粗到细逐步过滤）以及完全细分法（每一个消费者就是一个细分市场）等，对市场进行细分并命名，评估每一细分市场的规模、增长率、吸引力以及企业的目标和资源，该过程就是市场细分的过程。

2. 目标市场选择

进入目标市场可以采取无差异性营销战略、差异性营销战略和集中式营销战略三种形式。无差异性营销战略即不细分市场，而用一种产品、一种营销组合进入目标市场；差异性营销战略即企业采用不同的产品或营销组合分别进入不同的几个目标市场；集中化营销策略及在市场细分的基础上选择一个或少数几个细分市场作为目标市场，开发相应的营销组合，实行集中营销。

3. 市场定位

确定目标市场后，需要了解目标市场上竞争者的产品及营销特色，研究目标顾客对该类产品各种属性的重视程度，然后选择本企业产品的特色和独到形象，完成产品的市场定位。根据市场上竞争态势的不同，可以采取迎头定位、逼强定位、重新定位三种方式。差异化是市场定位的根本战略，差异化具体表现为产品差异化、服务差异化、人员差异化和形象差异化四种形式。

（三）体育场馆竞争战略选择

对竞争者进行跟踪和分析是竞争战略选择的开始。竞争者分析的步骤有：识别竞争者，判别竞争者的战略和目标，评估竞争者的实力和反应，作出进攻或者回避的选择，选择在市场竞争中的角色。

1. 市场领先者战略

即指在市场中占有最大市场份额，在价格变化、新产品开发、理念提出、营销组合方法上对竞争者起着领导作用。市场领先者必须在三个方面不断努力：扩大市场需求、保护市场份额以及扩大市场份额。

2. 市场挑战者战略

即指积极向行业领先者或者其他竞争者发动进攻来扩大其市场份额以期夺取市场领导地位。根据战略目标可以选择攻击市场领导者，也可以选择供给其他竞争对手或者规模小、资金匮乏的问题企业。挑战的关键在于遵循"密集战略"，可采取正面进攻、侧面进攻、多面进攻、迂回进攻或者游击进攻等形式。

3. 市场追随者战略

即指在产品、技术、价格、渠道等营销组合上跟随市场领导者。追随者让市场领导者和挑战者承担了新产品开发、信息收集和市场开发的大量经费，以减少支出和开发风险。

4. 市场补缺者战略

市场补缺者也叫做市场利基者。规模较小且不被大公司感兴趣的市场被称之为利基市场。市场利基者拾遗补缺、见缝插针，虽然在整体市场中所占份额较少，但在利基市场上比其他对手更了解消费需求并能满足这种需求，能够通过高额的附加值得到较高的利润而快速成长。市场利基者战略关键在于专业化，其主要途径如下。

最终用户专业化：专门某一类最终消费者提供，如减肥服务。

垂直专业化：专门为处于生产与分销循环周期的某些垂直层次提供服务，如专业草坪提供。

客户订单专业化：专门按照客户订单特制产品，如为企业量身编排文体活动。

服务专门化：提供一种或多种其他公司所没有的服务，如游泳馆节能降耗水处理服务。

销售渠道专业化：只在某类渠道销售产品、提供服务，如只在本连锁俱乐部出售运动用品、营养品、运动损伤康复药品及护具。

[链接] 某体育中心营销战略分析

1. SWOT 解释及本体育场 SWOT 评价

SWOT 分析法是对经营活动的市场环境进行分析的基本工具，是一种综合考虑企业内部条件和外部环境的各种因素，进行系统评价，从而选择最佳营销战略的方法。该工具将影响经营目标实现的环境分为两个方面，即内部环境和外部环境。内部环境：企业可以控制的影响经营目标实现的因素，包括产品、定价、渠道、促销等市场营销因素，企业组织与管理因素。外部环境：企业不可控制的影响经营目标实现的因素，包括供应商、竞争者、市场中介机构、社会公众等市场主体，政治、经济、社会、科学技术等宏观因素。其中，S 指内部优势；W 指内部劣势；O 指外部机会；T 指外部威胁。各种因素的势力组合为以下四种不同的战略选择区域，见图 4-1。

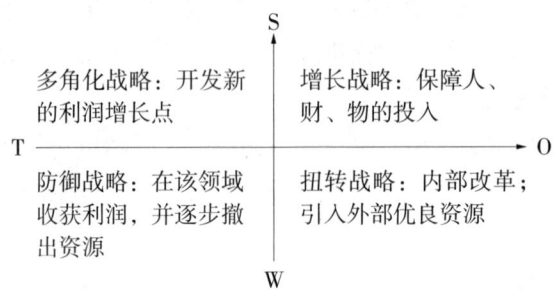

图 4-1 SWOT 不同战略选择图

选择影响体育场对外开放的主要因素，并采用李克特 5 分量表制对某体育中心体育场进行打分，并依据打分状况进行经营战略的判断。其中，5、4、3 分为优势/机会；2、1 分为威胁。具体指标、体育场评价及评价说明见表 4-2。

表 4-2 体育场 SWOT 分析表

	指标	评价	说明
S-W	体育场容量	优势	在该地区容量位居第一
	标准化程度	优势	标准天然草坪足球场和橡胶田径场，标准化程度较高
	可承接赛事规格	优势	国际、国内级别足球和田径比赛；大型文艺演出、集会及商业活动
	体育场配套设施	优势	在信息收集与发布、活动期间观众的休憩、餐饮等配套设施较为全面，但在赛事主办方的办公配套设施以及运动队休息、餐饮的高档配套设施较为缺乏
	体育场的交通地理位置	优势	本地市民到达体育场的时间成本较大；外地游客以及参赛运动员到达体育场较为方便；且对大型赛事而言，可快速分散观众
	体育场的建筑特色	优势	该地区标志性建筑，无论其外观还是科技含量都是国际、国内的一流体育场。但放眼全国，其建筑的"符号"性尚不具备
	体育场项目运作的柔性	优势	无论从赛场布局，还是从内部管理，均能快速适应不同赛事的要求

(续表)

	指　标	评价	说　明
	体育场物业管理	优势	委托物业公司管理
	体育场赛事营销管理	劣势	近几年的运作锻炼了人才，积累了经验。但在策划以及创意营销上人才缺乏。营销管理信息化不够，系统性不强
	体育场的服务管理	劣势	缺乏服务标准，缺少对服务的管理
O-T	区域经济状况	威胁	该地区人均 GDP 低于 5000 美元。当人均 GDP 达到 5000 美元时，才是发展体育产业的最佳时机
	区域人口密度	威胁	以体育中心为核心，5 公里半径的地理圈中人口密度不高
	区域居民表演观赏消费意识	威胁	表演观赏消费意识逐步增强
	市场竞争激烈程度	威胁	目前，我国的体育场馆业竞争尚处于低级阶段，即价格、地理位置的竞争。高级阶段为服务竞争和品类竞争。故而如果场馆无法说明自身的与众不同，就将陷入激烈的竞争当中
	赛事资源	威胁	全国每年国家级的比赛不过 900 多项，其中有吸引力的很少，能放在该地区举办的就更少。因而体育赛事资源是一种极为稀缺的资源
	体育场设备技术进步	机会	技术进步是必然趋势。但与老场馆的体育设施技术落后相比，新生的体育中心在设备的技术装备上占有优势
	竞赛表演业市场发展趋势	机会	随着休闲时代的到来，竞赛表演业市场必将繁荣起来

2. 体育场所处经营环境判断

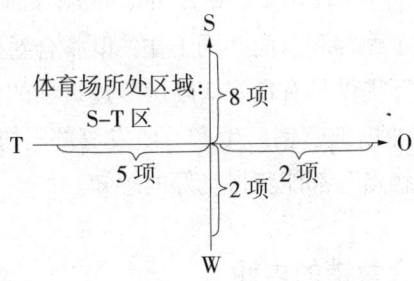

图 4-2　体育场战略分析 SWOT 矩阵图

S-T区属于风险业务区域，面对高利润与高风险，既不宜盲目冒进，又不宜迟疑不决，坐失良机。应全面分析自身的优劣势，扬长避短，创造条件，争取突破性进展。下面对优劣势转化、威胁转化为机会进行分析，见图4-3。

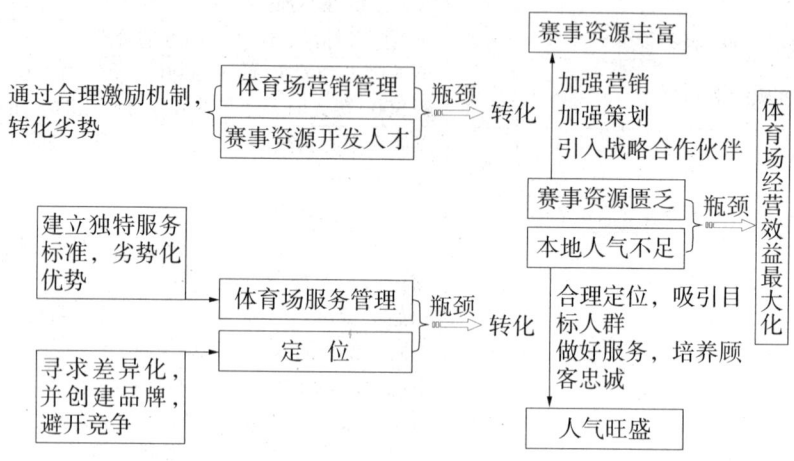

图4-3 体育场优劣势转化图

第二节 体育场馆的整合营销

整合营销，也叫整合营销传播（IMC，integrated marketing communication），即企业里所有部门都为了顾客利益而共同工作，既整合对外的传播工具与传播信息，以通过"一种声音"提供具有良好清晰度、连贯性的信息，建立对外统一的"品牌形象"；又整合企业内部营销、生产、研发等部门协同建立"信息源"，使消费者在各种"信息接触点"都能获得良好的感知。

一、体育场馆整合营销的内涵

体育场馆是多业务并存的行业，与消费者接触的渠道繁杂，通过整合营销能放大传统营销策略的营销力，提升体育场馆的品牌价值。同时，体育赛事以及体育活动也需要通过整合营销放大赛事和活动的价值。以体育场馆举办体育赛事活动为例，体育场馆整合营销体现在以下方面。

（一）媒体的整合

为了在短期内提升大众对体育赛事的关注，必须综合利用网络、手机、电视、户外广告、报纸杂志等各种传播介质发布信息。信息内容能够聚焦才能将大众的注意唤醒到一定的水平，内容分散则会抵消不同传播介质、不同时间段传播的传播效果。

（二）营销策略的整合

设计营业推广活动，或举办对目标受众的公共关系活动，与整合的宣传策略产生共振，可以放大各类营销手段的营销力。唤醒受众注意，除了引起消费者产生购买门票的行为外，另一重目的是希望借此对体育赛事招商。如果赛事招商产品设计滞后，定价不合理，也只能是花钱赚吆喝。因此，产品策略、定价策略、渠道策略以及促销策略应在服务于体育赛事活动目标下进行整合。

（三）企业内各部门的整合

体育场馆通常会成立体育赛事运作项目组，该小组在体育场馆其他部门的配合下完成体育赛事执行及招商工作，同时项目组应捕捉体育赛事中的一切机会，为其他部门增加销售、创造业务机会提供信息和必要的支持。如俱乐部向会员提供更多的体育赛事信息或内部消息，以加强赛事的宣传；文化活动部利用体育赛事的公共关注力开展与体育赛事项目有关的培训、基层单位比赛、企业趣味文体活动等。

提出体育场馆整合营销策略，并非将之与传统营销中的4P策略（产品策略、价格策略、渠道策略和促销策略）相对立。整合营销观念改变了仅仅把营销活动当做企业经营管理的一项职能的观点，它强调要把所有活动都整合和协调起来，努力为顾客的利益服务。由此，4P策略依然是体育场馆在整合营销过程中必须进行认真设计和组合使用的营销手段。4P策略强调满足消费者的需求，增加产品或企业的差异性和可辨识性。4P策略的合理组合即营销组合观念，整合营销与营销组合一脉相承，但整合营销强调各要素之间的关联性，要求他们成为统一的有机体，各营销要素的作用力统一方向，形成合力，共同为企业的营销目标服务。

二、体育场馆营销策略

(一) 产品策略

1. 整体产品观

整体产品观认为,产品包括有形产品和无形的服务,它包括核心产品、形式产品和延伸产品三个层次。核心产品是指产品满足消费者的基本效用;形式产品是核心产品得以实现的形式,包括品牌、包装、样式、属性、品质、材质、质量等;延伸产品指消费者在购买前、购买时和购买后获得的附加利益。

2. 产品组合

产品组合即企业供给市场的所有产品线和产品项目的组合和结构,由产品组合的宽度、长度、深度和关联度组成。

产品线:产品组合中某一大类产品。

产品项目:产品线中不同品种规格的产品。

产品组合宽度:产品线的数量多少。

产品组合长度:一条产品线上不同产品项目的数量。

产品组合的深度:产品项目具有产品品种的多少。

产品组合的关联度:产品线之间在技术、市场、管理等方面的联系程度。

在现代社会化大生产和市场经济条件下,很多体育场馆生产和销售多种服务产品,但并不是经营的服务产品越多越好。体育场馆必须考虑生产和经营哪些产品才能符合场馆发展的战略目标,也即体育场馆应慎重选择自己的产品组合。

(二) 价格策略

体育场馆可采取的定价策略包括新产品定价策略、心理定价策略、折扣定价策略、系列产品定价策略。

1. 新产品定价策略

(1) 撇脂定价

即指产品的定价比其成本高出很多,即高定价策略。体育场馆推出新的产品时,可以采取撇指定价,以快速收回成本。该定价策略应用条件是:市场上有足够的购买者,且需求弹性很小,市场上不存在竞争对手或者没有能力与本体育场馆抗衡。

(2) 渗透定价

为了让消费者迅速地接受新的产品，尽快扩大销售量，占领更大的市场份额，将产品的价格定得很低。渗透定价策略不但可以快速占领市场，而且可以有效地阻止其他竞争对手进入这一市场领域。

(3) 适宜定价

适宜定价是介于前两种定价策略之间的一种定价方法，即处于一种比较合理的水平上。

2. 心理定价策略

一种根据顾客心理要求而确定价格的策略。体育场馆有意识地将产品价格定得高些或低些，以满足顾客生理和心理或者物质和精神等方面的需求，主要包括取整定价、尾数定价和习惯定价。

(1) 取整定价

在所确定的商品的价格以整数结尾，该定价方式也叫做声望定价，多用在较昂贵商品的定价上，如对俱乐部高端会员卡采取取整定价。

(2) 尾数定价

不取整数，保留价格零头，给消费者形成便宜、精确等心理联想。如羽毛球次卡定位38元每小时。

(3) 习惯定价

指体育场馆以被消费者习惯性接受的价格来为自己的产品定价，以便消费者更容易接受。

3. 差别定价策略

差别定价也叫做歧视性定价。根据地理、消费者、服务产品和时间等因素的差异，对不同消费者群体制定不同的价格。例如北方高尔夫球俱乐部受季节的限制，导致在经营过程中会出现一段停业时间，因此在停业期间会员卡的价格会比旺季略低一些；另外，羽毛球馆、保龄球馆也可以不同的时间段实行时间差别定价。

4. 折扣定价策略

体育场馆为了鼓励顾客提前消费或多次消费，会对基本价格进行修订，实行折扣定价策略，以适应消费者的偏好和需求变动。这种策略主要包括如下定价方法。

现金折扣定价：对支付现金的客户给予一定的折扣。

功能折扣定价：对不同业务性质的客户给予不同程度的折扣，如门票销售中，不同性质的票务经纪机构获得的价格折扣不同。

季节折扣定价：对于随季节呈现周期波动的商品，在销售淡季给予更高的折扣。

5. 系列产品定价策略

系列产品通常是指在消费上具有一定替代性或互补性的一组产品。体育场馆可利用产品间的这种相互关系制定相应的价格策略，以达成营销目标，其中包括如下定价方法。

产品线定价：对产品大类进行定价，确定某种产品为最低价格，充当产品大类中的价格领袖吸引消费者；其次确定最高价格的产品，充当质量和品牌的代言，并收回投资，其他产品也应相应制定价格。例如，同一体育场馆在为不同级别的赛事提供比赛场地时，由于客户的需求不同，体育场馆可在提供产品的软件、配套设施以及服务内容等方面采用不同的定价，从而最大程度地实现体育场馆利益的最大化。

互补品的定价：互补品是指在使用过程中具有互补关系的产品。互补产品的定价是指将消费者喜欢的产品定位，主产品定低价，给附属产品定高价，以便达到整体效益最大化。例如，羽毛球场馆为场地使用费定价较低，而馆内羽毛球、球拍穿线等产品和服务的价格则定高价。

产品束定价：产品束是指一组产品的组合。产品束定价也叫做捆绑定价，将消费频率不同的产品捆绑起来确定价格，利用消费者求廉心理增加滞销品的销售。

（三）渠道策略

渠道即连接生产者和消费者之间、帮助产品所有权转移的组织、机构或个人。渠道策略的内容包括渠道设计和渠道管理。

1. 渠道设计

渠道设计过程为：分析消费者的服务需求，确定渠道目标，列出通路备选方案，评估备选方案，最后确定通路方案。渠道设计需要确定：通路的长度、通路的宽度、通路的广度以及通路系统。

通路长度：批发商、零售商的层次。包括零层通路（没有中间商）、一级通路（只有零售商）、二级通路（批发、零售）、三级通路（一级批发、二级批发、零售）。

通路的宽度：同一级中间商的个数包括独家分销（一个市场上只选择一家同级中间商），选择分销（同一市场上选择几家同级中间商）、密集分销（同一市场上选择多家同级中间商）。

通路的广度：不同通路的数量。包括一种通路、多种通路。

通路系统：通路上制造商、批发商、零售商之间关系的紧密程度。包括传统分销系统（制造商、批发商、零售商相互独立）、垂直分销系统（制造商、批发商、零售商之间因为所有权、管理、契约关系而形成一体化关系）、水平分销系统（两家以上的企业联合起来的渠道系统）。

2. 渠道管理

渠道管理的内容包括流程管理、成员管理、关系管理，以及难点管理。

流程管理内容有所有权、物流、信息流、资金流、促销流的管理等。

成员管理内容有渠道成员选择、培训、激励与评价等。

关系管理内容有渠道冲突管理，批发商、零售商间的回款、折扣、激励政策、市场推广等问题；同级中间商之间价格混乱、串货、互相侵蚀地盘、促销方式各异等；不同通路间串货、价格不统一等。

难点管理：赊销管理、货物分区管理、现场终端管理。

许多大型体育场馆虽然具备直接营销的财力和能力，但是由于体育场馆从事专业化的营销工作，很难保证能够实现最广的客户接触面。因此，容易错失营销的机会，在这一方面专门从事体育营销的中介机构有较广的客户范围，能够发挥自己的优势，促使体育场馆与潜在客户达成交易。高效的分销渠道是企业快速发展的通道。体育场馆的中间商有票务代理机构、会员卡代销机构、票务与会员卡的零售店铺、活动招商代理机构、广告代理公司等。目前，大型体育场馆在门票营销中发挥了票务中间商的作用，但在会员卡、广告位销售、活动招商、无形资产的销售中，渠道的作用不太明显。

（四）促销策略

促销策略指对广告、人员推销、公共关系、营业推广等促销方式进行选择、搭配及运用。

1. 广告

广告是有明确的发起者（广告主）在付费的基础上，采用非人际传播方式对产品、服务、观念进行的介绍、宣传活动。

2. 人员推销

场馆销售人员（俱乐部的会籍顾问）与可能成为购买者的人进行交谈，作口头陈述，以推销产品，促销和扩大销售。

3. 营业推广

营业推广又称为销售促销，是指运用各种短期诱因，鼓励和刺激消费者购买促销活动。营业推广使用多种短期的促销工具，归纳起来主要有以下几类。

（1）优惠券

即持有人在购买商品时可凭此券免付一定的金额。例如，体育场馆在销售淡季可以向学生、老年人等提供优惠券。

（2）特价商品

即向消费者提供低于正常价格的商品，并在商品的包装或标签上加以附带说明，对刺激短期销售非常有效。例如，在体育场馆正式营业以前以低于正常定价出售某一特定服务产品。

（3）附送赠品

以免费的方式赠送给消费者带有标志的小商品或者饮料，以作为消费的纪念。如消费者在消费保龄球十局后可获赠免费消费两局的优惠等。

（4）召开产品推介会

邀约目标消费群体，尤其是大客户，将一年的赛事、活动以及其他经营性项目在推介会上向目标群体进行定向宣传。

4. 公共关系

通过各种公共关系活动，与公众沟通，协调关系、化解矛盾，争取理解和支持，树立形象。

三、体育场馆整合营销传播的执行

体育场馆整合营销传播的执行流程具体如下。

（一）确定整合营销传播的目标受众

整合营销传播的一切手段都是围绕着目标受众开展的，只有针对正确的目标受众，传播内容和传播手段才会有效。体育场馆整合营销传播的目标受众有：场馆俱乐部会员，与场馆有赞助合作关系的赞助企业，与体育赛事或大型文体活动关联度较高的目标赞助企业，赛事或活动的目标观众。

(二)确定整合营销传播的传播目标

传播目标即确定目标受众的认知、感情或者行为的反应。设定传播目标时,需要考虑消费者的接受层次的递进变化:由认识,到了解、喜欢、偏爱、说服、购买。大型体育赛事或者活动的招商一般周期较短,而营销传播效果的好坏又直接影响到招商的结果,因此在整合营销传播的过程中要根据目标受众的反应分阶段制定传播目标。

(三)设计整合营销传播的传播信息

在明确并了解了目标受众之后,需要进一步研究设计出有效的传播信息。设计传播信息必须解决:需要说什么(信息内容)、如何有逻辑地说(信息结构)、以何种方式来说(信息格式)以及由谁来说(信息源)。

(四)选择整合营销传播的沟通渠道

要传播产品或服务信息,必须选择有效的沟通渠道。从广义上说,营销策略中任何一个要素都能纳入沟通渠道的范畴;从狭义上来说,一般指具有沟通性质的营销工作,如各种形式的广告、竞赛、宣传活动、赠品、彩券等。沟通渠道有人员沟通渠道和非人员沟通渠道,是联系产品和消费者的重要通道。

(五)衡量整合营销传播的传播效果

传播效果的精确衡量对于企业正确认识营销传播的作用和效果、提高传播效率、提升品牌形象、拉动销售等具有十分重要的作用。同时,在活动中对赞助企业或其产品的传播效果的衡量,也是体育场馆与赞助商进行交换的重要筹码。在所有沟通渠道中,对于广告的传播效果已经建立了一套比较完整的评价体系。广告效果主要包括传播效果(用各类媒体的曝光时间乘以媒体广告价格)、广告的销售效果(广告活动而引发的产品销售额或者利润额)、广告的品牌效果(包括三个方面:品牌意识、品牌联想和品牌态度。品牌意识用达到率、品牌知名度、品牌识别率等指标来衡量;品牌联想用品牌形象评价和品牌理解力等指标来评价;品牌态度用美誉度、偏好度、忠诚度、渗透率等指标来评价)。

(六)利用新媒体更好地整合营销传播

传统的四大媒体分别为:报纸、杂志、广播、电视。此外,还应有户外媒体,如路牌灯箱的广告位等。随着科学技术的发展,逐渐衍生出新的媒体。报纸刊物应为第一媒体,广播应为第二媒体,电视应为第三媒体,互联网则应被称为第四媒体,移动网络应为第五媒体。整合营销因为新媒体的出现而得到更大的发展。较之于传统媒体,新媒体具有它的特点。在进行整合营销传播之前,应该熟知新媒体的特点,以便达到更好的整合与传播效果。

1. 手机媒体

手机被称之为"第五代媒体",因其集合通讯、视频、网络等功能而成为强大的掌上媒体。

2. IPTV

即交互网络电视,一般是指通过互联网,特别是宽带互联网络传播视频节目的服务形式。互动性是IPTV的重要特征之一,IPTV用户不再是被动的信息接受者,可以根据需要随时选择性地收看节目内容。

3. 微博

即微博客(MicroBlog)的简称,是一个基于用户关系的信息分享、传播以及获取平台,用户可以通过WEB、WAP以及各种客户端组件个人社区,以140字左右的文字更新信息,并实现即时分享。微博具有草根性更强、便捷性、大量原创内容爆发性以及背对脸等特征。

4. 移动电视

移动电视具有覆盖广、反应迅速、移动性强等特点。除了传统媒体的宣传和欣赏功能外,还具备城市应急信息发布的功能。"强迫收视"是其最大的特点。

第三节 体育场馆营销创新

所谓营销创新就是体育场馆根据营销环境的变化情况,结合场馆自身的资源条件和经营实力,寻求营销要素在某一方面或某一系列的突破或变革的过程。在这个过程中,并非要求一定要有创造发明,只要能够适应环境,赢得消费者的心理且不触犯法律、法规和通行惯例,同时能被体育场馆所接受,那么这种营销创新即是成功的。

一、一对一营销

"一对一营销"的核心思想是：以"顾客份额"为中心，与顾客互动对话以及定制化。体育场馆应该从关注市场占有率转移到关注顾客的"顾客份额"上来，关注本体育场馆产品在顾客所拥有的所有该产品中的份额，并努力提升对这个份额的占有率。

体育场馆应当通过双向的交流与沟通详细了解顾客个性及消费习惯和行为。了解"顾客份额"的目的是用来对顾客进行区分，以便有针对性地进行市场营销活动，并提供差异化、定制化的体育场馆服务产品。

体育场馆实施"定制化"并不需要对现有的产品与运作模式做很大的改动，可以采取捆绑销售、在一定范围内配备柔性化、可变的配置、个性化的服务设计、提供灵活的服务模式和支付方式等来实现体育场馆的"定制化"。

二、品牌营销

世界著名广告大师大卫·奥格威就品牌曾作过这样的解释："品牌是一种错综复杂的象征，它是产品或服务属性、名称、包装、价格、历史声誉、广告方式的无形总和。品牌同时也因消费者对其使用的印象，以及自身的经验而有所界定。"

当一个体育场馆正经历从卖方市场转变为买方市场，产业增长方式将从数量规模型向质量效益型转变。在这种变革过程中，品牌作为一种重要力量，对市场竞争的输赢起着巨大的作用。一个有影响的品牌可以征服消费者，取得越来越大的市场份额。品牌竞争就是以品牌形象和价值为核心的竞争，是一种新的竞争态势。

如何树立品牌呢？

第一步：分析行业环境。从分析其他体育场馆开始，准确地掌握他们在消费者心中的大概位置，以及他们的优势和弱点，然后寻找一个"新概念"，使自己与其他体育场馆区别开来。

第二步：卓越的品质支持。体育场馆必须以优质的业务质量为根本树立良好的品牌形象。这里所指的业务质量，是一个综合性品质的概念，包括体育场馆的交通位置、硬件设施、服务质量,以及对服务过失的补救等。

第三步:进行持续的整合营销传播。体育场馆要靠传播才能将品牌植入消费者心里,并在应用中建立自己的宣传体系。

三、深度营销

深度营销,就是以体育场馆和顾客之间的深度沟通及相互认同为目标,从关心人的显性需求转向关心人的隐性需求的一种新型的、互动的、更加人性化的营销新模式、新观念。它强调将人文关怀体现到从产品设计到产品销售的整个过程之中,乃至产品生命周期的各个阶段。

体育场馆导入深度营销的一般流程如下。

第一,选择容量大或发展潜力大,体育场馆拥有相对优势的、适合精耕细作的目标市场。

第二,深入调查,建立区域市场数据资料,通过市场分析找到开发的重点和突破口,制定有效策略及完善的实施计划。

第三,强化区域营销管理平台,实现营销前、后的整体协同,一体化响应市场的运作机制,提高响应客户需求的速度和能力。

第四,选择和确定核心客户,开发和建立区域范围内的客户数据库,在特定节日对核心客户给以不同的问候和优惠,构建人文营销价值链。

第五,集中营销资源,提供综合服务和指导,通过电话、网络等方式及时准确解决消费者在消费过程中所遇到的问题,使消费者体验到最大限度的关怀。

四、连锁经营

说到连锁经营,体育场馆面临的一个至关重要的问题,就是如何将自己的场馆进行复制扩张,把自己的成功经验发扬光大。连锁经营的核心因素在于具有完全的克隆功能,因此,在使用这种营销手段时,体育场馆应当从以下几个方面入手:

第一,对现有能力准确评估,了解自己的现状,扬长避短进行发展;

第二,总结、归纳、提炼体育场馆的成功经验,或所谓的核心竞争力,制定体育场馆的标准化管理流程,以便于进一步发展扩张;

第三,体育场馆在进行连锁扩张的时候要了解实际情况,要因地制宜,不能盲目照搬,即使在同一地区发展连锁店也要保证其单个体育场馆的经营特色;

第四，可以通过重新组建、收购、兼并、购买股份等形式实现自我连锁经营，但是不论采取哪一种形式，都必须建立在科学合理的评估基础之上。

五、体验式营销

体验式营销是要站在消费者的感官、情感、思考、行动、关联五个方面，重新定义、设计营销的一种思考方式。这种思考方式突破传统上"理性消费者"的假设，认为消费者消费时是理性与感性兼具的，消费者在整个消费过程中的体验，才是研究消费者行为与品牌经营的关键。

体育场馆业务多为服务性业务，因此消费者只有亲身在体育场馆中体验，才能够与自己的期望、竞争者所提供的产品相对比，从而确定是否在该体育场馆消费。体验营销有利于消费者体验到产品的差别，从而坚定消费者的消费意念，提高消费者对体育场馆品牌、产品、服务的忠诚度。

六、数据库营销

数据库营销作为一种个性化的营销手段在体育场馆获取、保留与发展客户的各个阶段都将成为体育场馆不可或缺的竞争能力与有效工具。

数据库营销的核心要素是对客户相关数据的收集、整理、分析，找出沟通或者服务的对象，有的放矢地进行营销并施展客户关怀。通过与客户的沟通以及对客户的人文关怀增加客户满意度与忠诚度，从而扩大市场占有率与客户占有率，取得体育场馆与客户的双赢。

实施数据库营销需要体育场馆在总体战略与服务理念、人员配置和信息技术系统几个方面协同配合。

开展数据库营销的基本战略包括以下几个方面。

第一，开发出适合体育场馆与客户接触沟通的主要方式。

第二，建立一个完整的客户服务体系，识别哪些是优质客户，并且最大限度地建立其忠诚度。

第三，分析找出客户特征群貌，并用之来复制优质客户；不断测试检验，让每一次营销战役都能成为客户增强对体育场馆了解的机会。

第四，改变体育场馆的认知、人员角色与绩效系统，使之适应体育场馆与客户关系的新架构。

第五，组建能有效管理数据库的专业团队，不断充实、升级营销数据库。

七、文化营销

文化营销强调体育场馆的理念、宗旨、目标、价值观、职员行为规范、经营管理制度、体育场馆环境、组织力量、品牌个性等文化元素，其核心是理解人、尊重人、以人为本，调动人的积极性与创造性，关注人的社会性。在文化营销观念下，体育场馆的营销活动一般奉行以下几项原则。

第一，给予产品、体育场馆、品牌以丰富的文化内涵。

第二，强调体育场馆中的社会文化与体育场馆文化。

第三，从提高文化内涵、人文关怀的实际出发，来考虑和检验公司的经营方针。

在实施文化营销过程中应该注意以下几点。

人文化：尽可能符合、满足顾客的物质需求和精神需求。

个性化：体育场馆要有自己的声音，以独特的服务营销理念赢得顾客的青睐。

社会性：充分挖掘社会文化资源并回馈社会。

公益性：将企业文化有机融进营销，在开展场馆经营的同时注重对社会的回报。

思考题

1. 体育场馆营销战略分析的内容有哪些？
2. 体育场馆营销战略的层次有哪些？
3. 试对社区体育场馆的目标市场进行细分。
4. 什么是整合营销？体育场馆如何做好整合营销传播？
5. 查阅资料，结合营销创新谈谈体育场馆营销有哪些创新？

[案例4]

走进中体倍力，享受健康快乐

走进中体倍力，在这里，你感觉到的是拥有贵族气质的自己，在这里在充分享受健康的同时，更多的是快乐。在众多健身俱乐部以"健康"为主题营销的时候，而具有皇族血统的中体倍力健身俱乐部却选择了以"快乐"为主题，并围绕

"快乐"的链条摸索出一套快乐管理、传播快乐、复制快乐的秘诀。中体倍力快速扩张的秘诀并不是仅靠自己的"贵族身份"和天然的资源优势,而是让所有的会员和潜在客户都能感受到快乐的氛围和家的温馨。

高档的健身俱乐部经营管理中,口碑,无疑成为俱乐部经营管理中的重要力量。那如何把会员的朋友也变成会员呢?中体倍力的营销诀窍就是传播快乐。会员在俱乐部里享受快乐、体验快乐,并将这种快乐体验分享自己的朋友和家人。在这种分享的同时中体倍力的快乐营销便成功了。在快速扩张中,严格控制特许加盟店的经营品质,防止快乐"复制"的走样。短短三年的时间内,中体倍力靠着"快乐营销"已经成功地发展了18家连锁分部,成为中国高档健身俱乐部的领跑者。

在如此激烈的市场竞争中,中体倍力在高档健身市场上成功营销的秘诀是什么呢?

1. 快乐营销

中体倍力是由国家体育总局控股的中国第一家体育上市公司,即中体产业股份有限公司,与世界最大的健身俱乐部商业运营商美国倍力公司的合资企业。这也造就了它得天独厚的优势。

中体倍力经营的制胜法宝就是"传播快乐"。身形的改变可以带来快乐;结交到好朋友可以感觉到快乐;奉献爱心有一种助人的快乐;放松的感觉是一种快乐……他们的目标就是让所有参加中体倍力健身俱乐部的人感觉到——快乐就在他们的身边。

为了让会员能有家一样的感觉,中体倍力着力营造一种家的氛围,让会员把这里当成"第二个家"。中体倍力专业的设计师设计装修的环境致力于创造一种"家一般的环境",舒适惬意;多数课程设计的运动量不大,但让人放松中感受快乐。

2. 快乐管理

中体倍力一直认为,俱乐部是一个很好的平台,可以让平时忙于工作打拼的人,在锻炼身体的同时结交到志同道合的朋友。为此,中体倍力举办了游园、登长城、滑雪、风筝比赛等跟健身相关的活动,给会员创造了更多交结朋友的机会。

中体倍力的会员BBS,则是维系会员和俱乐部之间的另一个纽带,这个BBS的另一个重要作用则是在轻松快乐之间,改善俱乐部的管理。

在强调对会员快乐管理的同时,中体倍力在员工内部也推行快乐管理,因为他们认为,只有快乐的员工才能给会员真正的快乐,比如对所有员工都实行三明治式的批评，充分的内部沟通等。所谓三明治式的批评就是批评员工不会直截了当、生硬地说你错了，而是先说你哪些方面做得比较好，然后再说你哪些方面还存在不足，最后告诉你怎样做会更好。

3. 传播快乐

任何一家健身俱乐部要想生存和发展，就必须不断地吸引更多的会员。为此，中体倍力拥有一套独特的快乐"传播方法"。即每个老会员都可以带5个朋友来中体倍力免费体验一天，然后派专人跟进这些新朋友，让他们充分享受到中体倍力的贴心服务。体验的结果是，更多的人把朋友带到俱乐部来体验，更多的人向别人说中体倍力的好。

体验和口碑带来了更多的会员，不仅提高了俱乐部在业界的影响力，也带来俱乐部盈利的快乐，中体倍力每个俱乐部都是盈利的。

4. 连锁加盟

中体倍力要求每一个加盟商完全按照总部的理念进行经营。如果加盟店不服从总部管理，不能按照总部的要求提供一致的高品质服务，就会破坏总部辛苦积累起来的品牌。中体倍力的做法是：首先总部要制定一套完备有效的加盟手册。从如何分析市场潜力，到选址、前期准备、器材购买、俱乐部装修、试营业、如何发展会员、怎么做活动、课程设置等都有详细的指导，就像一个营销书架。

中体倍力每发展一个加盟者首先都是给对方"洗脑"，因为担心这些加盟者会把其他行业的经营经验完全照搬到经营健身俱乐部上来，导致经营出现问题。同时建立了监督员巡查制度，随时到加盟分部看有没有按照加盟手册来经营。还有一个防止加盟店"自作主张"的绝招，就是所有分部的教练员都是总部派遣或面试，薪水虽然由加盟分部支付，但接受总部管理，定期回到北京总部接受培训。

快乐已经成为中体倍力的营销信仰，自始至终贯穿在中体倍力的服务、管理、经营与业务拓展当中。无论是品牌精神、消费体验、媒体传播、加盟扩张，还是内部的员工沟通、管理，"快乐营销"正在成为中体倍力的核心竞争力。

[案例分析提示]

"快乐营销"体现了中体倍力的营销理念；"快乐管理"传达了中体倍力的运营管理理念以及企业文化内涵；"快乐传播"反映了中体倍力客户导向和以人为本的情怀；连锁加盟则是中体倍力的经营模式选择。从公司理念，到公司的运营管理、渠道选择、营销策略等，均体现了"快乐"主题，公司的每一个侧面都用一个声音说话，这就是整合营销的核心。

第五章 体育场馆服务

[内容提要]

在体育场馆经营管理中，场馆服务是一个重要的方面。在体育场馆经营管理中，服务质量、顾客满意度和场馆盈利之间存在密切联系。本章将通过认识服务营销组合要素及服务特性，以及场馆内各业务活动的服务流程，归纳服务质量的构成，了解测评服务质量的常用方法，掌握服务质量管理标准，并全面认识体育场馆服务。

在体育场馆运营过程中，场馆服务质量的优劣是决定场馆能否吸引顾客、留住顾客的关键。场馆部门只有站在顾客的角度，分析顾客参与场馆消费的多元化需求，并根据顾客的需求为其提供多元化、个性化的服务，才能得到顾客对场馆服务产品质量的认可，并以此提高体育场馆的经营绩效。

第一节 体育场馆服务的内涵与特点

体育场馆向消费者提供的产品主要是以服务的形式体现的,体育场馆服务是体育场馆经营管理的核心内容。体育场馆服务较之于一般的产品具有较大差异,在体育场馆的经营管理过程中应了解和掌握体育场馆服务的内涵与特点。

一、体育场馆服务的内涵

体育场馆服务是指体育场馆管理部门及其工作人员,通过自己活动的方式来满足消费群体对体育场馆的多元化需求而进行的与体育场馆功能、特点相关的服务产品的供给活动。其具体内容主要包括举办大型体育比赛、大型文艺演出、集会及商业会展、体育培训、体育健身娱乐等活动。

由此可见,体育场馆所接待的消费群体不仅包括观看比赛、参与健身休闲活动的散客,同时,也包括举办大型商业活动的各类企业,因此,在基于顾客满意度提升场馆服务质量的同时,场馆服务方须考虑这两大顾客群体的不同需求,并根据不同服务内容的特点提高顾客群体对场馆服务产品的感知质量。

二、体育场馆服务的特点

体育场馆服务作为一种特殊的产品,其与一般的产品既有相同点,亦有一定的差异,有其自身的特殊性。

体育场馆服务与实物产品的共同点表现在以下几个方面。(1)将顾客的满意作为效果的关键衡量指标;(2)包含相同的满意度衡量指标;(3)使用相同的改进过程工具;(4)需要个人的努力和团队合作;(5)可以事前准备也可按需提供;(6)需要进行需求预测;(7)需求产品与过程的设计;(8)可以实现自动化;(9)受到运营策略的影响,与企业商品策略相吻合。

体育场馆服务与实物产品的区别主要表现在以下几个方面。(1)服务是无形的,而实物产品是有形的;(2)场馆服务的产生和消费是同时发生的;(3)场馆服务要求提供者与顾客直接拥有更为密切的关系;(4)场馆服务是不能储藏的。

体育场馆服务的特点主要表现在以下几个方面。

1. 体育场馆服务的非储存性

体育场馆在向社会提供服务时，既不能积压亦不能储存，只能即时提供，使得体育场馆在提供服务时对市场需求的应对能力相对有限。在体育消费能力不足时，会发生机会损失，在体育消费能力旺盛时，会导致体育场馆服务供给不足，体育场馆在提供服务的过程中存在面临着业务量不确定性的风险。

2. 体育场馆服务的无形性

体育场馆服务作为服务的一种，不具有实物形态，消费者在消费体育场馆服务时，只能通过对体育场馆服务提供者的认知度或即时感受来认知体育场馆的服务质量。体育场馆服务的无形性使得消费者在选择体育场馆服务提供者时比较困难，无法像实体产品那样看得见、摸得着，对体育场馆服务的认知将更多的依赖其他消费者的反映和体育场馆的介绍。

3. 体育场馆服务生产与消费的即时性

由于体育场馆服务不可储存和运输，体育场馆服务生产和消费同时发生，需要同时同地完成服务交易，体育场馆服务提供者与消费者如果不在同一场所、同一时间进入服务程序，则服务交易难以完成。如体育赛事不会因为某一个观众的晚到而推迟比赛。

4. 体育场馆服务的安全性

体育场馆服务是以体育活动为载体的，而体育活动具有较高的风险性，容易发生各种伤害事故，因此，体育场馆服务的安全性成为体育场馆服务的重要特点，在体育场馆服务的提供过程中要始终关注消费者的安全问题，以为消费者提供安全的体育场馆服务。在部分情况下，体育场馆服务的风险是无法规避的，需要通过风险预案、风险控制与转移等多种途径，将体育场馆服务的风险控制在最低程度。

5. 体育场馆服务的参与性

体育场馆服务的消费不同于其他产品的消费，需要消费者的亲身参与和互动，消费者的体育意识、行为与消费能力对于体育场馆服务的消费具有重要影响，甚至部分体育场馆服务离开了消费者的参与是无法提供的，如体育健身服务与体育培训服务，它们是以消费者的参与为前提的。即使在消费者参与度较低的体育赛事服务中，也需要消费者的积极参与和互动，以获得良好的观赛体验。

第二节 体育场馆服务规范

体育场馆提供的服务首先应是规范化、标准化的服务,并能够符合国家法律、法规的要求。在此基础上提供的服务能否称之为优质服务,还需要按照一定的标准和方式进行评价。

一、体育场馆服务的规范化要求

体育场馆为消费群体提供高质量的服务产品,首先要使该产品满足体育服务产品的规范化要求,该要求具体主要体现在两个方面,即产品质量特性要求和法律法规要求。

(一)产品质量特性要求

体育场馆提供的产品虽主要是无形性的服务产品,但亦有一系列的、与其他服务产品性质不同的、且与体育场馆本体功能相关的服务产品质量特性要求和标准化服务流程,以确保体育场馆服务的质量。体育场馆服务产品的质量特性要求详见表5-1。

表5-1 体育场馆服务产品的质量特性要求

健身休闲服务	体育健身活动 企业文体活动 体育游戏、娱乐活动	信息查询方便准确;健身服务项目设置合理、吸引人; 健身指导人员技术水平高、耐心、热情、礼貌、一视同仁; 服务人员外表健康、服务周到、热情、规范、效率高; 技术服务硬件设施完善; 休息座位、洗浴、更衣、商品销售等辅助服务设施完善; 餐饮、住宿、休闲娱乐等配套设施完善、价格合理; 场地规范、平整舒适;室内空气清新、温度、湿度适宜; 卫生;安全;环境氛围良好
相关培训服务	体育资格认证培训、各运动项目培训、教学	信息查询方便准确;培训项目新颖有趣、吸引人; 教练、教师外表健康、专业水平高、示范动作准确、讲解生动、耐心、热情、礼貌、一视同仁; 服务人员外表健康、服务周到、热情、规范、效率高; 技术服务硬件设施完善; 休息座位、洗浴、更衣、商品销售等辅助服务设施完善; 餐饮、住宿、休闲娱乐等配套设施完善、价格合理; 场地平整舒适、教室设施规范、教学器材完备; 室内空气清新、温度、湿度适宜;卫生;安全;环境氛围良好

(续表)

体育竞赛表演服务	承办国际、国内体育赛事、自发举办省、地市级赛事	信息查询方便准确；比赛项目吸引人； 比赛裁判员、双方教练员、运动员场上表现好； 服务人员外表健康、服务周到、热情、规范、效率高、专业； 电子屏幕、电视转播设施、广播、记分牌、灯光等设施工作正常； 休息座位、洗浴、更衣、餐饮、商品销售等辅助服务设施完善，价格合理； 场地条件适于比赛；室内空气清新、温度、湿度适宜； 卫生；安全；环境氛围；购票方便；观众入场、退场方便
商业活动服务	商业会展 商业集会 大型文艺活动	信息查询方便准确；演出节目、参展物品具有吸引力； 灯光、音效、布景条件优异； 服务人员外表健康、服务周到、热情、规范、效率高、专业； 电子屏幕、电视转播设施、广播等设施工作正常； 休息座位、餐饮、商品销售等辅助服务设施完善，价格合理； 展台、空间设置适宜顾客流动参观；室内空气清新、温度、湿度适宜； 卫生；安全；环境氛围优越；购票方便；观众入场、退场方便

（二）法律法规要求

在场馆服务产品满足其质量特性要求的基础上，体育场馆服务产品的生产与供给还须遵守相应的法律、法规的要求，符合相应的国家强制性或推荐性标准。与场馆服务产品生产与供给相关的法律、法规主要有《中华人民共和国体育法》《中华人民共和国标准化法》《全民健身条例》《公共文化体育设施条例》《游泳场所卫生管理办法》《安全防火条例》等，以及《体育场所开放条件与技术要求》《健身房星级的划分及评定》《保龄球场馆星级的划分及评定》等由国家或地方政府制定的，与体育服务产品生产有关的国家强制性及推荐性标准。

二、体育场馆服务规范管理中的流程管理

（一）服务流程概述

服务运营的理论框架包括服务流程与交锋管理、服务质量管理、需求与能力管理、营销与运营的集成和服务生产率管理等。其中，服务流程管理是最终赢得顾客的必不可少的环节，需要企业精心地管理和控制。

体育场馆服务运营流程是指把一定投入变换为一定产出的一系列任务，这些任务由物流、人流、信息流有机地连接在一起。对于提供场馆服务的一方来说，

产出的主要是服务,其中的一系列任务包括接待顾客、与顾客沟通、按照顾客的不同要求为顾客本身或顾客的物品提供服务,其服务流程主要由提供服务所经历的步骤、顺序和活动构成。

服务流程是服务企业向顾客提供服务的整个过程(行为事件与步骤)和完成这个过程所需要因素的组合方式,它是服务系统设计的核心和基础。服务流程是企业运营的基本单位,而这些单位组合在一起则构成了整个企业的服务流程网络,在纵横交错的流程网络中,有部分流程属于服务企业的核心流程,能否科学合理地操控核心流程,是决定服务质量优劣的关键。其主要包括如下内容:

1. 新产品开发流程。市场研究、竞争对手分析、概念设计、服务产品推广、服务过程设计等。

2. 赛事运作管理流程。赛事引进、竞赛管理、市场开发、市场营销、后勤保障等。

3. 供应链管理流程。服务供应的物理设计、成本与费用计量、合同管理、合作伙伴管理、资源管理等。

4. 客户服务流程。询价报价处理、服务订单处理、服务订单执行等。

5. 财务管理流程。成本和利润管理、资产管理、预算决策、分析预测、财务报表等。

6. 人力资源管理流程。人员补充、绩效考核、工资管理、晋升管理等。

如果把服务流程看做一个投入—变换—产出的过程,认为服务中最重要的是顾客的身体、精神、资产或信息的变换过程。因此,根据顾客本身及其资产进入服务流程的不同情况以及服务主要作用于顾客本身或资产,将体育场馆服务流程划分为四类。一是作用于人体的可触行为,服务的结果使人体(身体状况、外形、地理位置等)发生一定的改变,如健身锻炼、娱乐活动等。二是作用于人的精神的不可触行为,服务的结果主要是对顾客的精神发生作用,使顾客感到愉悦、增加知识、得到信息、改变想法等。如大型文艺活动、大型赛事表演等服务。三是物品处理,作用于顾客有形资产的可触行为,这些服务要求顾客提供其物品,但不一定要求顾客在场,如赛事期间场馆周围的广告牌、信息宣传栏等服务。四是信息处理,作用于顾客无形资产的不可触行为,这些服务处理顾客的钱财、文件、数据等,如健身顾客财务的储存服务等。

全民健身活动服务是体育场馆提供的重要服务产品之一,是指各体育场馆根据国家关于开展全民健身活动的有关政策的要求,结合体育场馆自身设施、设备特点和消费者的需求,所开展的适合公众进行健身活动的服务内容。游泳馆是全民健身活动服务中较为常见的一种服务，下面就游泳馆的服务流程为例，简要介绍体育场馆中全民健身活动服务的服务流程，如图5-1所示。

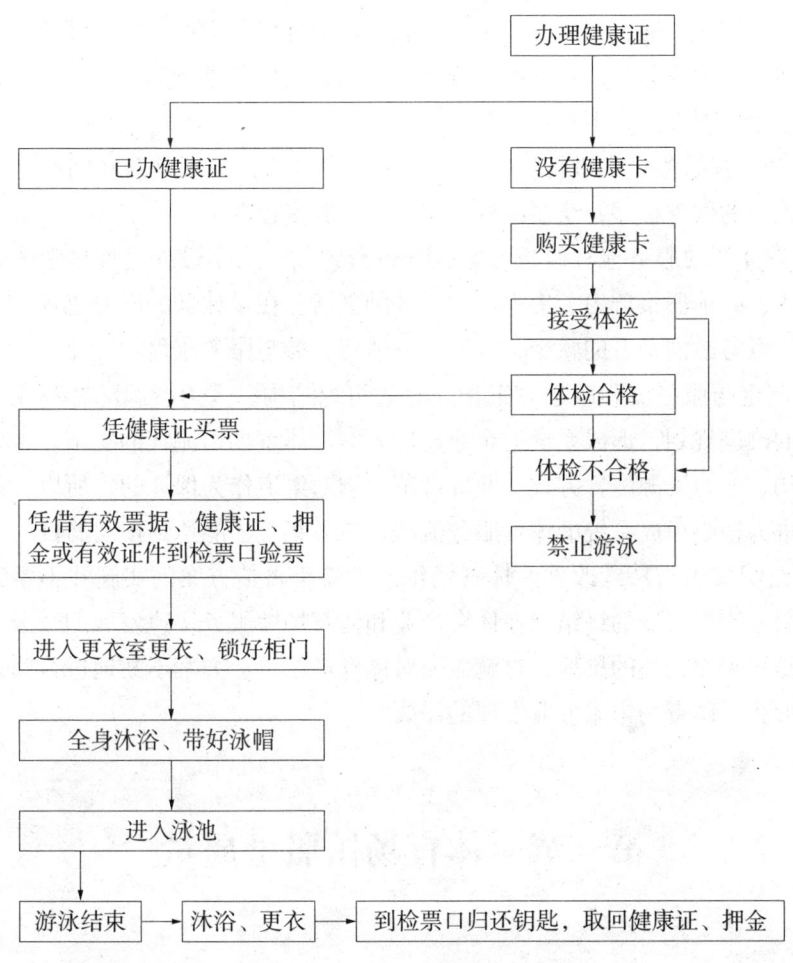

图5-1 游泳馆服务流程图

（二）服务流程再造

服务流程再造的概念起源于业务流程再造，强调以服务流程为改造对象和中心、以关心消费者的需求和满意度为目标，对现有的服务流程进行根本的再思考和彻底的再设计，利用先进的生产技术、信息技术以及现代的管理手段，最大限度地实现技术上的功能集成和管理上的职能集成，以打破传统的职能型组织结构，建立全新的过程型组织结构，从而实现企业经营在成本、质量、服务和速度等方面的巨大改善。

体育场馆服务流程再造就是重新设计和安排体育场馆的整个生产、服务过程，使之合理化。通过对体育场馆原来服务过程的各个方面、每个环节进行全面的调查研究和细致分析，对其中不合理、不必要的环节进行彻底的变革。在具体实施过程中，可以按以下程序进行。

1. 对原有服务流程进行全面的功能和效率分析，发现其存在问题。根据体育场馆现行的服务程序，绘制细致、明了的服务流程图。

2. 设计新的服务流程改进方案，并进行评估。为了设计更加科学、合理的服务流程，必须群策群力、集思广益、鼓励创新。在设计新的服务流程改进方案时，应注意考虑消费者的感受，吸纳部分消费者参与服务流程的设计。

3. 制定与服务流程改进方案相配套的组织结构、人力资源配置和业务规范等方面的改进规划，形成系统的企业再造方案。体育场馆流程的实施，是以相应组织结构、人力资源配置方式、业务规范、沟通渠道作为保证的，所以，只有以流程改进为核心形成系统的体育服务流程再造方案，才能达到预期的目的。

4. 组织实施与持续改善。体育场馆服务流程再造方案的实施并不意味着体育场馆服务流程再造的终结。在体育产业和体育场馆服务快速发展的今天，体育场馆总是不断面临新的挑战，这就需要对体育场馆再造方案不断地进行改进，以适应新形势下体育场馆服务业发展的需要。

第三节　体育场馆服务质量

体育场馆服务质量是体育场馆提供的服务能否满足消费者需求的程度。体育场馆服务质量的高低是反映体育场馆经营管理水平的重要标志，具体包括体育服务质量的内容、评价与服务质量认证等。

服务质量是指服务能够满足规定和潜在需求的特征的总和，是指服务工作能够满足被服务者需求的程度，是企业为使目标顾客满意而提供的最低服务水平，也是企业保持这一预定服务水平的连贯性程度。

服务质量是顾客对服务产品的一种感知，这种感知是顾客将自身的实际消费感知与预期价值进行对比后所得出的评价结论。

服务质量与有形产品质量相比具有三方面的特性，分别是主观性、互动性和评价复杂性。首先，服务质量的主观性主要表现在，不仅不同的顾客对同一种服务的相同服务质量产生不同的感知与评价，而且同一个顾客在不同阶段也会对服务质量的要求产生一定的变化；其次，就服务质量的互动性而言，服务质量是在服务提供者与顾客互动的过程中形成的，如果没有顾客的配合和响应，服务过程则会失败，服务质量也是低下的，因此，过程质量是决定服务质量的主要因素；最后，在评价服务产品质量时，不仅要考虑服务质量与服务标准的吻合问题，还须考虑服务质量对顾客感知及顾客关系的影响，即服务质量是否获得顾客的好评、服务企业是否与顾客建立持久的消费关系等，因此服务质量评价与有形产品相比具有评价较为复杂等特点。

一、体育场馆服务质量的内容

（一）体育场馆服务质量的构成要素

根据美国 Brady and Cronin 的理论，可将体育场馆服务质量的构成要素分为互动质量、物理环境质量和结果质量三个部分。如图 5-2 所示。

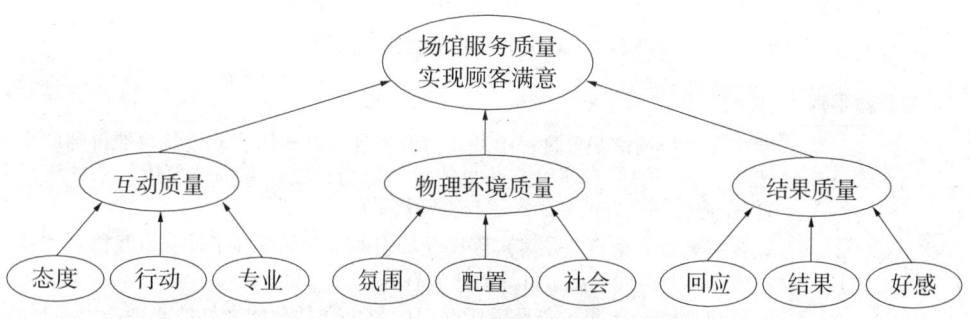

图 5-2 体育场馆服务质量构成要素

互动质量指服务传递过程中从业人员与顾客之间的接待关系质量，该质量主要通过从业人员态度、行动和专业性来测定。其中，从业人员的态度不仅包括接待员、教练员对健身娱乐、体育培训顾客的友善态度，同时也包括体育中心管理层对其他合作企业的主动配合、实现共赢的积极态度；场馆服务方及其从业人员行动的快慢，能够反映场馆的服务体系质量，进而反映场馆的综合绩效、体现场馆的综合实力与品牌效益；专业性主要反映场馆服务人员、教练员、管理层在为顾客提供培训服务或合作服务时的专业技能，进而提高顾客的消费信心与信任。

物理环境质量指的是作为服务传递背景的体育场馆服务环境，该质量因素主要通过场馆服务内部提供的物理设施如场所氛围、空间配置、社会要素来测定。其中场所氛围指场馆服务部门为举办各种竞赛表演或文娱演出等大型活动所布置的各种场景、配套设施等是否科学合理，是否能够激发活动参与者及观众的观看热情，是否能够创造适宜的观赏氛围等；空间配置要求场馆内部空间布置合理、宽敞整洁，以提高顾客参与场馆消费的初始印象，并为顾客进出体育场馆提供便捷条件与安全保障；社会性质量因素要求场馆本身或场馆周边需具有相应的住宿、餐饮、购物、娱乐场所，齐全的场馆社会性配套场所能够有效地提高场馆的消费吸引力。

结果质量是指服务传递过程结束后作为结果留给顾客的服务产品。该质量要素主要通过与服务传递后的相关等待时间、消费结果和好感性来测定。其中，等待时间也就是顾客参与场馆消费的非货币成本，等待时间越短，顾客的非货币成本越低，顾客对场馆服务质量的评价越高；消费结果是指顾客参与场馆消费后得到的各种收益，如功能收益、社会收益、品牌收益和情感收益等，如表5-2所示。好感性与情感收益相同，在此不做描述。

表 5-2 场馆消费收益类别与解析

消费收益类别	解析
功能收益	顾客在接受场馆服务过程中所获得的各种体育本体功能效益（如得到健身效果、良好的健身体验、获得体育知识与技能）和场馆使用需求的满足（如企业得到良好的商品展示与宣传效果）
社会收益	顾客（尤指大型企业顾客）因接受场馆的服务而提高了社会自我概念和社会地位，并由此满足了自身的社会需求
品牌收益	不仅包括顾客在购买产品后所获得的超出产品功能之外的心理需求满足，还包括顾客选择体育服务产品之前，高信度的品牌为其提供简化购买决策、提高购买信心等方面的收益
情感收益	场馆服务方通过尊重顾客并关心顾客的需求等人性化服务，使顾客产生愉悦、归属感等积极情感方面的情绪收益

（二）体育场馆服务质量的内容

鉴于服务交易过程的顾客参与性和生产与消费的不可分离性，服务质量必须经顾客认可，并被顾客所识别。服务质量的内涵应包括以下内容：服务质量是顾客感知的对象；服务质量既要有客观方法加以制定和衡量，更多地要按顾客主观的认识加以衡量和检验；服务质量发生在服务生产和交易过程之中；服务质量是在服务企业与顾客交易的真实瞬间实现的；服务质量的提高需要内部形成有效管理和支持系统。

1. 服务水平

好的服务质量不一定是最高水平，管理人员首先要识别场馆所要追求的服务水平。当一项服务满足其目标顾客的期望时，服务质量就可认为是达到了优良水平。

2. 目标顾客

目标顾客是指那些由于他们的期望或需要而要求得到一定水平服务的人。随着经济的发展和市场的日益成熟，市场的划分越来越细，导致每项服务都要面对不同的需求。因此，体育场馆应当根据每一项服务选择不同的目标顾客。

3. 连贯性

连贯性是服务质量的基本要求之一。它要求场馆服务提供者在任何时候、任何地方都保持同样的优良服务水平。服务标准的执行是最难管理的服务质量问题之一。对于一个场馆而言，服务的分销网络越分散，中间环节越多，保持服务水平的一致性就越难。服务质量越依赖于员工的行为，服务水平不一致的可能性就越大。

二、体育场馆优质服务的维度

体育场馆的优质服务是指场馆管理机构为消费者提供的服务产品在符合国家质量体系、场馆协会、场馆部门自身及顾客对服务质量要求的基础上，根据场馆服务质量的构成要素，不断降低顾客的消费成本，并持续提高顾客的消费收益，使场馆服务质量达到且优于顾客对产品质量的预期期望水平，以至能够与顾客建立起持久、稳定的消费关系并使顾客乐于向亲友进行宣传的服务产品。

由此可见，场馆服务质量是实现场馆优质服务水平的基础，场馆部门只有根据场馆服务质量的要素，不断提升场馆服务的互动质量、物理环境质量和结果质量等服务质量，才能有效提高顾客的满意程度与好评，并使场馆服务质量达到顾客认同的优质服务水平。

根据服务质量中优质服务的维度理论，对体育场馆优质服务的维度进行总结、分析，对于进一步明确体育场馆服务质量的提升目标具有一定的促进作用。

(一) 提供快速的顾客回应

顾客回应一般表现在顾客获得帮助、答案或关注之前的等待时间以及为满足顾客需求所提供服务的柔性和能力等方面。场馆服务方能否及时地满足顾客需求，不仅能反映场馆的服务导向，即是否把顾客利益放在第一位，同时也可在服务传递的效率方面反映场馆的服务质量。此外在服务传递过程中，顾客等候时间的长短关系到顾客对服务体系的印象及满意度，并直接影响顾客对场馆服务体系及服务质量的评价。

因此，场馆部门须快捷地关注并处理顾客的请求、询问及投诉等问题，以提高顾客对服务质量的感知与评价。如北京奥运会期间，北区奥运场馆群管理部门为提高服务绩效及服务质量，要求服务人员在第一时间帮助顾客或记者解决询问、投诉等问题，若该服务人员不能解决此问题，则必须将顾客或记者带领至能够解决问题的人员面前，以及时处理场馆服务受众所遇到的各种困难。

(二) 展示服务的安全性

体育场馆服务的安全性是由服务人员的专业知识、赢得顾客信任的能力、谦恭态度及场馆服务部门的信誉度所决定的。场馆服务的安全性可增强顾客对场馆服务质量的信心和安全感，尤其是当顾客感知到服务内容含有较高的风险或自己感觉无能力评价服务消费产出时，安全性决定因素则显得更为重要。如当场馆部门依托场馆附属设施开展健身培训活动时，在此类业务关系形成的早期阶段，教练员、服务员的学位、奖励、特别证书等有形证据以及他们的自信和谦诚态度，对赢得顾客的消费信心和信任起着决定性的作用，并有助于提高顾客参与活动的安全感。

(三) 体现服务的移情性

体现服务的移情性的目的是让顾客及潜在顾客均感觉到自身的重要和特殊，这就要求体育场馆须给予各种顾客群体尊重、关心和体贴，及时了解其需求并给予满足，以使整个服务过程都充满人性化特色。如我国中体集团在对健身俱乐部进行经营管理时，就将体现服务的移情性列为自身的主要服务宗旨之一，并在其服务供给过程中给予潜在顾客一定的尊重与关心。此外，体育场馆服务项目具有顾客参与性强等特点，在服务供给过程中，场馆服务部门不仅要考虑健身娱乐型消费散客的服务参与程度，使其体验到参与消费的乐趣，还须考虑为举办商业活动的各类企业提供便捷性强的服务，协助各类企业开展商业活动，以实现体育场馆与企业间的双赢，并借此体现场馆的综合服务质量水平。

（四）提供可靠的服务

准确可靠地执行并提供所承诺的服务，意味着场馆部门必须按照其服务标准或事先的承诺履行自身的职责。可靠性服务的提供，实质上是要求场馆部门避免在服务供给过程中出现服务失误，而服务失误一旦发生，不仅会导致体育场馆直接的经济损失以及服务补救等一系列繁琐事务的发生，甚至会影响体育场馆自身的品牌效益并失去更多的潜在消费群体。需注意的是，可靠性服务会出现在场馆服务的每一个环节上，如提供服务、解决问题、产品定价等，因此这就要求场馆服务部门要严格履行自身的服务承诺，并制定系统内部的标准化服务流程与管理制度，以此为消费者提供高信度、高标准的服务。

（五）服务的有形性展示

体育场馆服务产品是一种无形产品，消费群体在购买此类产品之前很难对其质量进行系统的评价，因此，消费者只能事先借助场馆有形的、可感观的部分对体育场馆提供服务产品进行初步评价。场馆服务的有形部分可直接影响消费者对服务质量的初步感知，如宽敞、整洁且布局合理的场馆结构能为顾客创造良好的初始印象，并能提高各类企业举办大型商业活动及散客参与场馆服务消费的吸引力；而设计新颖、风格独特的建筑设施，甚至会吸引消费者驻足观看并合影留念。为此，场馆部门应加强对场馆设施布局的建设与规划，并在服务产品宣传过程中提供与部门优质服务相关的宣传照片、证书等有形证明，以提高服务产品的吸引力及顾客的消费决心。

三、体育场馆服务质量的测评

（一）体育场馆服务质量测评的意义

体育场馆提供的服务产品的质量好坏，是否达到了顾客的需求程度，是由顾客的满意程度来决定的，因此对体育场馆服务质量的测评也是通过对顾客的满意度调查来实现的。

首先，通过对顾客满意度的检测、分析和评价可以发现顾客对组织的满意程度，而通过对该指标的进一步分析则可找出顾客对体育场馆服务质量不满的原因。实施顾客满意度测评,有助于场馆服务部门服务质量的持续改进,有助于提高顾客的满意程度,进而使场馆服务质量的发展进入良性循环阶段。

其次,根据顾客满意度测评结果改进服务质量,实质是站在顾客的角度分析顾客参与场馆消费时的需求与实际感知价值,通过满足顾客对服务的要求,来实现留住现有顾客、吸引潜在顾客的发展要求,并以此向顾客提供优于其他竞争对手(如其他健身企业、大型展览馆等)的高质量服务产品,进而提高体育场馆的市场竞争能力。

(二)体育场馆服务质量测评的实施

1. 顾客满意度测量流程

顾客满意度测量的工作流程,如图 5-3 所示。

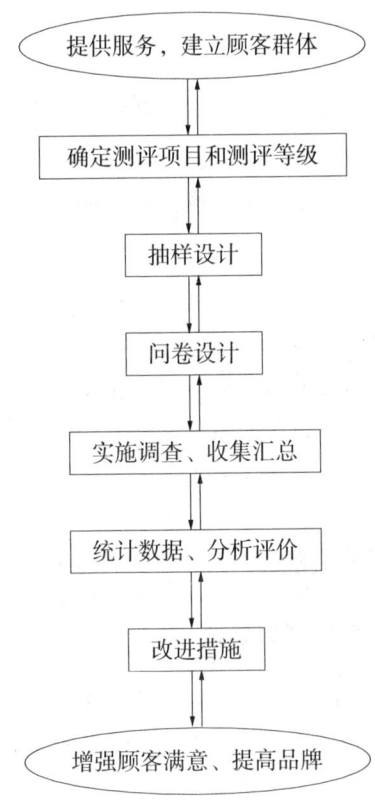

图 5-3 顾客满意度测量流程

2. 确定测评项目和测评等级

（1）影响因素

影响顾客满意度的因素是多样的，包括服务种类、服务的适用性、教练的专业性、用户期望值、可靠性服务、安全性、舒适性、消费环境、广告宣传、企业形象、品牌声誉、用户忠诚等，但体育场馆部门不可能对每一种影响因素都进行测评，因此，这就要求场馆部门要根据不同调查对象的不同要求来确定调查范围，即在分析判定影响某类顾客满意度的主要的决定因素后，对这些因素进行测评。

（2）顾客满意的测评等级

顾客的满意等级是由顾客的满意与不满意程度来划分的，该程度一般可划分为很满意、满意、一般满意、不满意、很不满意等多个等级，亦可以将等级换成分数，如表5-3所示。

表5-3 顾客满意度测评分数

分数等级	很满意	满意	不满意	很不满意
10分制	10	8	4	2

（3）顾客满意度调查的抽样设计

进行抽样设计时，首先须针对调查的顾客满意度项目，确定要调查的顾客范围；其次，还要对可能参与测评的顾客进行定性、定量研究，尽可能明确识别顾客的属性、类别、分布和变动状况，以便准确选择满意度调查对象，测评各类顾客的满意水平。具体可参考如下几个方面。

—— 顾客的属性可以分为消费散客（参与健身娱乐服务等项目）和大型团体客户（租借场地开展商业及文艺演出活动）；

—— 顾客的分布情况包括地理分布、职业分布等；

—— 顾客与服务部门的关系，如服务的直接购买者、购买决定者、使用者等最终顾客。

（4）设计问卷

顾客是接受服务产品的组织或个人，可将其分为内部顾客和外部顾客。外部顾客又可分为最终顾客和中间顾客；内部顾客则是指向外部顾客提供服务的员工。内部顾客的满意是外部顾客满意的保证，因此，顾客满意度的问卷调查不仅包括对外部顾客的调查，同时也应包括对场馆内部顾客即场馆员工的调查。

问卷的设计须本着尊重顾客的原则来完成，即内容要避免使顾客为难，同时也不能占用顾客太多的时间，一般情况下顾客满意度调查表内容主要包括：服务项目名称、测量方法模型表、顾客的具体或其他意见、顾客名称、表示感谢、联系方式等内容。

(5) 收集汇总

——内部员工满意度调查收集方法：

内部员工满意度调查问卷调查；

不记名意见箱；

面谈询问。

——外部顾客满意度调查收集方法：

问卷调查；

上门（街头）访问，当场取回/寄回；

座谈会；

电话调查，边问边填；

网上征询；

顾客投诉；

关注群体（热心群体）的建议；

消费者组织报告；

各种媒体报告；

行业研究结果。

(6) 统计数据、分析测评

调查问卷回收后，场馆部门还须应用相应的数理统计等研究方法，对调查结果进行分析研究。

首先，统计问卷中每一个调查项目的平均得分。

其次，将该调查内容的平均得分除以 10，再乘以 100%，得出满意度。

最后，在上述统计的基础上，对满意度偏低服务内容要找出存在的问题，分析原因，制定持续改进措施，并落实到相关责任部门。

四、体育场馆服务质量的标准化

（一）体育场馆服务的标准及标准化

标准化的概念是人们对标准化有关范畴本质特征的概括。标准化就是一个活动过程，包括制订标准、贯彻实施标准和监督标准等过程。这个过程是不断循环、螺旋式上升的运动过程。标准是标准化的活动产物，标准化活动不能脱离计划、制定或修订、审查、批准颁布和贯彻实施标准。

标准是体育服务产品质量的基础，标准化是国际服务贸易和各国服务贸易的行为准则。服务贸易总协定的重点之一是服务贸易和各国服务贸易标准化问题，所谓服务贸易标准化，就是服务贸易自由化要建立在符合标准的基础上进行，即对服务提供者和服务产品要建立质量标准规范，以此约束服务贸易行为。服务是特殊商品，服务产品很难用类似产品检验的方式予以控制和把握。

无论生产消费，还是生活消费，消费者和用户有权利买到符合质量标准的服务，所以通过建立体育服务产品质量标准体系，对拟进入国际市场的体育服务提供者进行资格认证，或对体育服务产品的质量进行规范，是WTO提出体育服务贸易标准化的重要内容。

目前ISO国际标准化组织已有50多个体育服务方面的国际标准，大部分是体育设施、器材和用品方面的标准。

国家体育总局为提高体育服务业组织的管理水平，研究制定了《体育场所开放条件与技术要求》（分为游泳场所等十四部分，该系列标准全部为强制性标准）和体育场所等级划分国家标准《保龄球馆星级的划分和评定》《健身房星级的划分及评定》。体育服务产品质量的标准化应按体育服务产品的种类，建立体育服务产品质量标准体系。

现在世界各国的体育活动的宣传和组织服务、运动队服务和有关体育的支助服务等组织的市场行为，都是由体育行业协会的章程和规定来约束，只有体育服务产品质量不被列在其中，由政府来管。根据国际体育惯例，结合我国实际情况，可优先制定体育服务产品质量标准体系。

（二）体育场馆服务质量标准的制定与实施

1. 体育场馆服务标准的制定

目前，我国体育标准的制定主要由国家体育总局和国家标准化管理委员会共同负责。为加快体育标准的制定，国家体育总局成立了全国体育标准技术化委员会具体负责体育标准的起草与制定工作。在体育场馆服务领域，国家正在起草《体育场所服务质量标准》等相关标准。

2. 体育场馆服务标准的实施

体育场馆的设计、建设和使用等均有相应的国家标准予以规范和约束，体育场馆运营与使用也要遵循相应的国家标准，以确保体育场馆提供的服务能够符合相应的国家标准。如体育场馆在竣工以后要接受有资质的机构对体育场馆进行检测和验收。在体育场馆的运营过程中也要接受国家有关部门的监管，如体育场馆的运营要符合《体育馆卫生标准》《游泳场所卫生标准》等一系列国家强制性标准。

五、体育场馆服务质量认证

（一）质量认证及其表示

质量认证是产品或服务在进入市场前，依据国际通行标准或国家规定的标准和质量管理条例，由第三方认证机构进行质量检查合格后发给合格证书，以提高企业及其产品、服务的信誉和市场竞争力的行为。质量认证包含以下要点：质量认证的对象是产品或服务；标准化机构正式发布的标准是认证的基础；证明批准认证的方式是合格证书或合格标志；质量认证是第三方从事的活动；质量认证与安全认证统称为合格认证或综合认证、全性能认证。通常对安全认证实行强制性认证制度；对综合性认证实行自愿认证原则。

实行服务质量认证制度具有不可忽视的重要作用，这些作用表现为：（1）指导消费者选购自己满意的服务；（2）帮助服务企业建立健全高效的质量体系；（3）给服务企业带来信誉和更多的利润；（4）节约大量的社会检验费用；（5）提高服务企业及其产品的国际竞争力；（6）国家通过质量认证有效地促进服务企业提高服务质量，保护使用者的安全、健康和利益。

质量认证可为有关方面"提供证明服务"，使他们能够放心地利用已被认证的可靠的服务质量。由第三方认证机构公正地证明产品或服务的质量符合规定的标准这一信息准确无误地传递给消费者、用户、生产者、政府机构、贸易机构等有关方面。根据不同的用途，质量认证有两种表示方法。（1）认证证书。认证证书即合格证书，是由认证机构颁发给企业的一种证明文件，证明某种产品或服务符合特定标准和技术规范。（2）认证标志。认证标志即合格标志，是由认证机构设计并发布的一种专用标志，用以证明某产品或服务符合特定的标准或技术规范，经认证机构批准后在产品或服务载体上使用。认证标志不同于商标。商标是某种商品品牌的法律化的标志，不同企业的不同产品或服务，各有不同的商标。而认证标志则不分企业或产品服务的品种，只要是按认证管理办法的规定，都使用同样的标志。认证标志是质量信得过的识别标志。

国际标准化组织（ISO）于1970年成立了认证委员会（CERTICO）理事会，

1985年CERTICO更名为CASCO（Committee on Conformity assessment）即合格评定委员会。经ISO理事会批准，CASCO的主要任务是：研究关于产品、加工、服务和质量体系符合适用标准或其他技术规范的评定方法；制定有关的产品认证、试验和检查的国际指南，制定有关质量体系、检验机构、检查机构和认证机构的评定和认可的国际指南；促进国家和区域合格评定制度的相互承认和认可；并在试验、检查、认证、评定和有关工作中，促进采用适用的国际标准。

ISO9000国际标准问世以来，在全球范围内得到广泛的采用，对推动组织的质量管理工作和促进国际贸易的发展发挥了积极的作用，是适用于所有行业的通用国际标准，而且，质量体系认证的国际互认制度也在全球范围内得以建立与实施。目前，国内已有成都体育中心、武汉体育中心等多家场馆通过了ISO9000质量标准体系认证。此外，国内还有部分体育场馆通过了ISO14001环境管理体系认证和OHSAS18000职业健康安全认证。

（二）我国体育场馆服务认证

为规范体育服务认证活动，提高体育服务质量，促进体育服务业的发展，国家认证认可监督管理委员会和国家体育总局于2005年联合制定了《体育服务认证管理办法》。体育服务认证是由专门的认证机构证明体育场所、体育活动的组织与推广等服务，符合相关标准和技术规范要求的合格评定活动。体育服务认证的内容包括服务流程管理文件、行为规范、设施和设备、健康和卫生、安全保障和环境保护、服务承诺等内容的初次审查（包括文件审查和现场审查），以及获证后的监督审查。

目前，我国的体育服务认证包括两个方面，即体育场所开放条件认证和体育场所等级评定认证。前者侧重服务安全合格评定，后者侧重服务质量的评价和等级划分。开放条件认证的依据包括两个部分：一是GB 19079《体育场所开放条件与技术要求》；二是《体育场所服务保证能力要求》（开放条件认证）。等级评定认证的依据包括三个部分：一是GB/T 18266《体育场所等级的划分》，二是《体育场所服务保证能力要求》（等级评定认证）；三是《顾客满意度测评方法》。

（三）体育场所等级评定标准与ISO9000标准之间的关系

ISO9000族国际标准已经等同地被我国采纳为国家标准，在许多行业中得到应用。在我国体育服务业的经营管理中引进ISO9000标准的体育服务组织的数量并不多。为提高我国体育场所的服务水平，国家体育总局研制了体育场所等级的划分——《保龄球场馆星级的划分及评定》和《健身房星级的划分及评定》，并作为国家推荐性标准，于 2003 年 4 月 1 日正式执行。

1. 体育场所等级评定标准与 ISO9000 标准之间联系

（1）ISO9000 标准是对技术规范中有关产品要求的补充，而等级评定标准要求的是服务定位，也即是一种规范要求。

（2）二者同为国家标准，就改进服务质量、提高管理水平、增强顾客满意程度而言，两者的出发点是相同的。

（3）体育场所等级评定标准的制定借鉴和参考了 ISO90004-2 标准，体现了 ISO9000 的精神和思想，有利于体育服务企业制定明确的服务质量方针，根据不同的体育场所服务等级设计，制定出不同的服务规程和服务规范，建立和运行体育服务组织的质量管理体系。

（4）体育场所等级评定标准是体育服务组织所要达到的质量目标，是过程输入的重要内容，同时，也是服务输出的重要内容。ISO9000 质量管理体系保证达到的目标，正是等级评定标准所要求的。

（5）ISO9000 族标准在体育场所领域的实施不能撇开体育场所等级评定标准。建立和运行体育服务组织的质量管理体系的具体过程，也涵盖了体育场所等级评定标准的贯彻和执行，体育场所等级评定标准的具体要求，可以作为被识别的过程或活动，按 ISO9000 族标准的要求建立体系文件并加以实施、监督，检查其有效性。可见，ISO9000 质量管理体系的建立和运行会促进体育场所等级评定标准的实施与运用。

2. 体育场所等级评定标准与 ISO9000 标准的区别

（1）二者虽然同为国家标准，但体育场所等级评定标准是我国保龄球馆和健身房的行业标准，并不是国际通用的标准，它不像 ISO9000 标准那样具有绝对的权威性，在世界范围内许多国家间得到互认服务。体育场所等级表达的信息是体育服务组织能为顾客提供何种标准的服务，服务质量则是指服务组织提供某种标准服务的能力，服务能力的大小决定了组织提供服务质量的高低，高等级的服务不都是高质量的，低等级的服务并不一定是低质量的。因为，评定服务等级的标准是各个国家，各个行业根据自己国家经济发展的状况和本行业发展的整体情况，自行制定的，显然不同国家同一行业的标准有可能是不同的，这种行业标准并不是国际通用标准。

（2）体育场所等级评定标准的制定只适用于我国的保龄球馆和健身房行业，它并不能用于指导体育界其他行业，其他项目的经营，因为其不具有针对性，而

ISO9000 标准适用于包括体育在内的各个行业的质量经营管理，在体育服务业的应用也并不拘泥于哪一个项目或几个项目，他所提供的是适用于整个体育服务业的管理的方法和模式。

（3）体育场所等级评定标准关注的是结果，行业管理组织正是根据这个行业标准，评定体育服务企业所能提供的服务的质量，并不关注体育服务企业是以何种方式、何种途径达到该标准的。而 ISO9000 关注的是过程，它给体育服务企业提供一个持续改进组织整体业绩的方法和途径。通过识别组织内的关键过程，随后加以实施和管理并不断进行持续改进来达到顾客满意，最终使组织获得持续改进的动态循环，并使组织的总体业绩得到显著的提高。

思考题

1. 试述服务的特性以及其与实物产品的异同。
2. 简述体育场馆不同服务产品质量的特性要求。
3. 简述体育服务质量及其内容。
4. 举例说明体育场馆服务的全过程。

[案例 5]

体育服务认证一小步　场馆优化管理一大步

"小姐，请您接受体温测试再进入游泳馆"，在英东游泳馆门口，热情的工作人员阻止了记者前进的步伐。虽然门外飘着漫天的雪花，可是游泳馆大厅内整洁明亮。为了保持地面卫生，记者看到在通往游泳馆的过道上已经铺设了"红地毯"。就在记者暗自称赞场馆人性化的管理时，被工作人员打断了思路，"右手边是楼梯，请您注意安全"。

2009 年 11 月 17 日，英东游泳馆顺利通过了"北京市体育场馆服务认证"的初审，获得推荐资格。馆长徐景龙在认证会上表示："此次认证过程推动了游泳馆服务管理体系的建立，得到了广大消费者的信赖和认可。"徐馆长告诉记者，英东游泳馆作为承担过奥运比赛项目的老牌体育场馆，除了保证中国健儿们的正常训练、竞赛以及举办重要体育赛事的需要外，还承担着支持全民健身活动全面发展的重要社会责任。为了满足公众需求，游泳馆始终坚持"以人为本"的服务信条，从顾客信息采集，到场馆内边角的防护再到担保顾客责任险……事无巨细，英东游泳馆以优越的硬件措施和良好的管理服务赢得了很多顾客的光顾。但是因为同行业的激烈竞争，和前几年比英东游泳馆还是失去了很多客源，场馆运营压力日益突显。不过通过这次第三方体育服务认证，徐馆长对于游泳馆未来的市场开发充满信心，"在认证前后100天的时间里，游泳馆在原有人性化服务的基础上，建立了完整的服务管理体系，优化了场馆资源配置，员工整体素质得到提高，不仅得到消费者的信赖，也解放了我们管理者的手脚"。"作为体育产业核心的领域，体育场馆经营管理一直是业内乃至世界性的'难题'，要想在市场开发中占得先机，就得先练好内功，而练好内功的关键就是实现场馆的标准化管理，否则就无法开拓市场"，奥体中心副主任耿保全说，"作为北京市首批接受服务认证工作的体育场馆，英东游泳馆不仅在标准化管理上走在了其他场馆前面，同时也在市场开发中抢占了先机。"

2009年北京市政府将30个奥运场馆开展体育服务标准认证工作作为为市民办的57件重要实事之一，旨在加强后奥运时期奥运场馆的开放和有效利用，提升北京市体育场馆整体服务水平，推动北京市全民健身热潮。

体育服务认证的推出为体育场馆开发带来了新的机遇和保障，但不是所有体育场所的服务都可以开展认证，能否实施认证取决于有无适用于体育场所认证的国家标准，而国内现有体育场所开放条件的国家标准仅有14个，因此，体育服务认证工作的进一步开展也将促进相关体育场馆服务标准制定工作的进程。

备注：根据中国体育在线《体验体育服务认证的一小步，场馆优化管理的一大步》整理而成。

[案例分析提示] 体育服务认证对于提升体育场馆服务质量的作用是什么？目前我国体育场馆服务认证中存在的问题是什么？

第六章 体育场馆投融资

[内容提要]

本章主要介绍了体育场馆投融资的定义、分类、主要形式、特点等,分析了国内外体育场馆投融资模式现状及选择,并简要介绍了国内外体育场馆投融资模式,并以此为个案,介绍了体育场馆投融资的运作实践。

体育场馆的投融资是体育场馆建设中必然面临的核心问题,不同体育场馆的投融资模式对于其后期的经营管理有较大的影响。以2008年北京奥运场馆项目法人招标为标志,我国体育场馆投融资进入了市场主体广泛参与的新阶段。

第一节 体育场馆投融资与资本市场

体育场馆投融资是资本运作市场中投融资的一个项目投融资类型，特别在体育产业、体育市场高速发展的今天，体育场馆投融资模式也取得了空前的发展和突破。同时，在赛后场馆的运营中也起着举足轻重的作用。

一、投融资的基本概念

投融资通常是包括了投资和融资的概念。在实践中，二者相辅相成，共同构成了市场经济的活动主体内容。

（一）投资概念

投资通常与资本相联系。资本是带来剩余价值的价值，可分为固定资本、人力资本、流动资本和金融资本等。一般认为，投资可以表述为：是特定投资主体为了获取预期收益而将现有的一定收入转化为资本的活动。也就是投资主体进行的一种有目的的经济活动或交易行为。

在现实经济活动中从事一项投资活动，首先要遇到谁来投资，投资的目的是什么，向什么投资，用什么方式进行投资等基本问题，也就是要明确投资主体、投资目的、投资客体、投资方式四个基本问题。

1. 投资主体

投资主体是指具有独立投资决策权并对投资负有责任和享有权益的经济法人或自然人。在现实的社会经济生活中投资主体是多元化的，主要有各级政府、企业和社会团体、自然人等。

2. 投资目的

投资主体投入一定量的货币和其他生产要素，其目的是为了获取未来的预期收益，从而增加未来的消费。未来的预期收益包括经济效益、社会效益和环境效益等诸多方面，通常以货币量来衡量经济效益。

3. 投资客体

投资客体即投资对象、目标或标的物，解决的是向什么投资。投资客体表现出多样性，可以是将资金直接投入建设项目形成固定资本和流动资本，也可以进行人力资本投资以形成新的人力资本，还可以进行股票、债券、股权投资以形成金融资本等。

4. 投资方式

投资方式是指投入资本运用的形式与方法。投资可分为直接投资和间接投资。可以采用直接投资方式把资金投入建设项目形成实物资产，也可以采用间接投资方式如通过购买有价证券进行投资等。

(二) 融资概念

融资古已有之。中国历史上，不仅有民间融资，如借贷；也有官方行为，并设置专门机构。所谓融资就是投资主体为了一定的投资目的，除了投资主体提供的项目资本金外，向其他投资者或金融机构、金融市场融入资金的活动，通常表现为向银行贷款、发行债券或股票上市融资等。

如同投资一样，对于融资活动来说，它也包括以下几个主要方面。

(1) 融资主体。对于城市基础设施项目融资来说，融资主体通常是城市政府和有政府背景的城市基础设施企业；当然对于经营性城市基础设施项目，融资主体可以是社会投资商。

(2) 融资目的。就是从事城市基础设施项目建设，使项目建设周期尽可能缩短，发挥其服务城市发展的作用，并期待收到预期的经济效益、社会效益或生态效益。

(3) 融资客体。就是具体的城市基础设施项目，包括建设项目内容简介、总投资及投资构成、开工计划和建设周期、项目的预期效益等。

(4) 融资安排。即城市基础设施项目的资本金、融资额度及用款计划、本息偿还来源和还款计划等。通常对城市基础设施项目的投融资安排，集中融入城市政府或项目业主发布的城市基础设施项目商业计划书中。

(5) 融资方式。从主体角度可分为直接融资和间接融资，直接融资就是指以股本形式募集资金、直接到股票市场发行股票募集资金、到债券市场发行企业债券等形式筹集资金；间接融资是指从银行申请贷款等形式筹集的资金。从政府宏观经济管理的角度出发可把融资方式大致分为财政融资、信贷融资、证券融资、股本融资、信托融资五种方式。

二、资本市场

在西方经济学中本没有资本市场这个概念，随着我国20世纪90年代的市场经济高速发展，资本运作、市场经济等热点经济学名词频繁使用，资本市场一词也越来越多地出现。

(一) 资本市场的概念和内涵

严格来讲，资本市场是金融市场的主要组成部分。通常指的是以期限在1年以上的金融工具为媒介进行长期性资金交易活动的市场，是提供一种有效地将资金从储蓄者（同时又是证券持有者）手中转移到投资者（即企业或政府部门，它们同时又是证券发行者）手中的市场机制。

在西方发达资本主义国家，资本市场的交易几乎已经覆盖了全部金融市场。广义的资本市场包括银行中长期存贷款市场和有价证券市场；狭义的资本市场则专指发行和流通股票、债券、基金等证券的市场，统称证券市场。在体育市场中，资本运作的成功案例越来越多，包括体育投融资市场业已成为体育资本市场中重要的组成部分。

(二) 资本市场与货币市场的区别

从宏观上可将资本市场分为储蓄市场、证券市场（又可分为发行市场与交易市场）、长期信贷市场、保险市场、融资租赁市场、债券市场、其他金融衍生品种市场等。其中证券市场与债券市场又形成了资本市场的核心。体育资本市场中的许多高级投融资手段也呈现证券化和债券化势头。

从市场实践中来看，资本市场又与货币市场有着紧密的联系。在我国，通常把资本市场与货币市场分割得比较明确，但是金融市场发达的国家，货币市场和资本市场的区分是相对的，两个市场有着非常紧密的关系，表现在以下几个方面。

(1) 货币市场和资本市场有大量相同的金融工具。

(2) 货币市场和资本市场有大量相同的市场参与者。

(3) 货币市场和资本市场上的资金经常互相流动。

(4) 利率是货币市场和资本市场之间资金流动的纽带，利率的变动同时影响着两类市场的资金供求。

在一个资金充分流动的均衡市场上，投资到货币市场和投资到资本市场的资金风险回报是相等的。正是由于货币市场和资本市场之间存在紧密的联系，货币市场的利率和资本市场的收益率才形成了金融市场的收益率的风险结构和期限结构（即收益曲线），成为指导金融市场资金配置、调节金融市场有效率地运作极其有价值的市场信息。

三、体育场馆投融资在运营管理中的意义

体育场馆设施建设不仅是举办大型赛事的前提，更是体育事业和体育产业发展的重要物质基础。而体育场馆建设投资数额巨大，建设周期长，风险也大，单靠项目主办人的力量无法筹集如此大规模的资金，项目主办人也无力承担项目失败的风险，且传统的融资方式也满足不了上述项目的需要。目前我国大型体育场馆的前期投资建设基本上都是由中央和地方政府投资，其中以地方政府投资为主。因此，不断深化大型体育场馆建设投融资体制改革，建立大型体育场馆的多种投融资模式，形成稳定、多渠道的投融资金供给结构，是当前我国大型体育场馆建设中迫切需要解决的重大问题。

（一）体育场馆投融资概念

所谓体育场馆投融资是指在体育场馆建设项目中通过各种途径、各种手段筹措资金与运用资金，以保证对体育场馆的投资建设及对资金的需要所进行的活动。目前，在世界范围内应用比较广泛的体育场馆投融资模式主要有冠名权融资、BOT、TOT、PPP、PFI 和 ABS 等。

（二）体育场馆投融资与经营管理的关系

长期以来，我国大型体育场馆对于投融资模式的选择主要考虑的是资金、效率问题，忽视了对赛后场馆运营问题的关注。体育场馆投融资模式与赛后的运营管理是密切相关的。简单地说，投融资模式影响着场馆运营管理模式，进而影响到场馆的运营效益和回收成本资金问题；反之，也会影响场馆后续开发投融资吸纳能力。大型体育场馆赛后运营管理状况已成为大型赛事活动筹备以及赛后有效开发利用的一个制约因素。目前，虽然国内大型体育场馆大都重视对赛后运营管

理模式的探索，也取得了一定成效，但存在的共性问题就是大多数简单移植国外成功运营管理模式，缺乏本土化处理，难以保证场馆运营效益和场馆的健康、持续性发展。如何解决场馆运营管理中出现的上述问题成为大型体育场馆面临的普遍问题。

体育场馆投融资与经营管理之间的关系还体现在：大型体育场馆的运营管理效益直接受其运营管理模式的影响。很多研究表明，目前我国多数大型体育场馆的运营管理效益不高，因此，以场馆融资模式为基础，加快对场馆赛后运营管理模式创新的探索是真正提高大型体育场馆运营管理效益使然。

（三）体育场馆投融资与资本市场的关系

体育场馆投融资不仅是场馆经营管理的重要前提，同时也是资本市场中新兴的市场主体。

首先，体育场馆投融资的模式选择，丰富了资本市场的类型。在资本市场中，体育场馆越来越多地成为新兴的资本市场宠儿，特别是随着体育产业的高速发展，大型赛事活动的频繁举办以及赛后场馆运营中的诸多问题，体育场馆投融资的模式选择，成为了决定资本市场中新的金融工具。

同时，资本市场中的重要类型，势必也将是体育场馆投融资模式选择中的重要形式。而且，随着体育场馆投融资的发展，体育市场的日趋成熟，其中的证券市场、债券市场等将会逐渐成为体育场馆投融资的主要形式。

第二节 体育场馆的投融资模式及其选择

如何破解我国场馆设施的融资困境引起了社会各界的广泛关注。因此专家学者着力于改变体育场馆单一的融资渠道，政府也在进行体育场馆建设注入民间资本的新的投融资方式的探索。

一、常见体育场馆建设中的资金问题

我国传统的体育场馆融资建设模式是由国家和地方政府投资建设，并由当地政府或体育主管部门负责体育场馆的管理和运营，包括正常的维护、赛事的举

办、其他大型活动的举行等。随着体育场馆投资规模的不断扩大，日常维护费用的快速增长，这种传统建设方式存在的不足愈加突出，归纳起来主要包括三个方面。

其一，建设资金不足。大型体育场馆的建设费用少则几千万，多则上亿，甚至高达十几亿，完全由政府负担存在较大的资金限制。与此同时，目前我国的公共体育设施总体不足，尤其在欠发达地区体育场馆更是匮乏，而今后我国举办的大型体育赛事将越来越多，体育场馆的建设任务重大。

其二，管理缺乏效率。传统的建设方式下，体育场馆建成后由政府或体育部门管理，由于缺乏竞争机制，导致了政府财政资金投资效率低、场馆管理效率低下等问题。这种管理方法已难以适应日益增长的全民健身和文化娱乐的需要。

其三，设备老化，设施水平低，功能单一，赛后经营困难。传统模式下重比赛需求，轻赛后利用，设计上较为专业，缺乏灵活性，限制了体育设施用于其他领域的可能性。有限的商业活动获得的资金不能满足正常的维护要求，设施维护水平不足又影响到场馆基本功能的发挥，形成恶性循环。

上述问题的出现与我国原有计划经济体制和传统的政府职能不合理有直接的关系。我国已经由计划经济向市场经济转变，但体育场馆的投资建设模式仍然比较单一，建设资金主要由政府负担。随着体育场馆建设费用的不断升高和场馆建设数量的增加，建设资金不足的问题必然凸显。同时，我国体育场馆的管理和经营方式还很滞后，使用功能限制在举办体育比赛、大型文体活动上，赛后多元化使用和经营思维缺乏。

二、体育场馆建设投融资模式及其特点

当前市场经济高度发达的国家，尤其是体育产业也同时具有世界先进发展水平的国家，在体育场馆建设投融资模式方面也呈现出多样化的趋势，并取得了很好的效益。对我国当前体育场馆建设投融资模式的选择也是一个很好的借鉴。

（一）国际常见的体育场馆建设投融资模式

1. 冠名权融资

一些学者和理论认为，冠名权出让不是融资方式，实际冠名权出让也是回收资金和融资的一种重要模式。通过出售场馆的冠名权获得的资金可以成为场馆建设和维护费用的组成部分。在美国，冠名权融资是民间资本直接参与体育场馆融

资的一种常用形式。目前在美国最受欢迎的四大职业体育项目 NBA 篮球、冰球、美式足球（橄榄球）和棒球共 122 个体育馆中，有 83 个已经采取了企业冠名的运营模式。体育场馆冠名权为美国体育场馆带来了丰厚的收入。

2. TOT 投融资模式

TOT（Transfer-Operate-Transfer）投融资模式，指政府将一些已建成的大型基础设施项目转让给民间资本或外资，受让方则在一定时期内享有专营权，专营期满后，受让方将经营权无偿地交还政府。利用 TOT 投融资，政府既可以在特许经营期后获得由投资方改造后的项目，又可投融得资金用于其他新项目的建设。而投资方由于购买的是东道国的存量基础设施和经营权，有效地降低了项目风险。TOT 模式同时还是企业收购与兼并的一种重要形式。这种模式在早期的体育场馆建设中较多采用。同时也是引发后面集中模式的萌芽阶段。

3. PPP 投融资模式

PPP（Public-private-partnership）投融资模式，是政府、非营利型部门等公共部门和营利型企业就某一项目而形成合作关系。PPP 有广义和狭义之分，广义的 PPP 是一个概念范畴，泛指公共部门和私营部门基于基础设施项目投融资的一系列合作，按照合作形式的不同又可分为不同的形式，详见表 6-1。

表 6-1　PPP 模式分类

分类	名称	基本含义
服务外包	服务协议（Service Contract）	公共部门与私营部门签订协议，由私营部门提供某种公共服务
	运营和维护协议（Operale & Maintenance Contract）	公共部门与私营部门签订协议，私营部门代替公共部门维护和运营其基础设施
已有设施改扩建	租赁—建设—运营（LBO）	私营部门租赁公共部门的设施，向政府缴纳租赁费用，对设施进行改扩建，负责其运营和维护
	购买—建设—运营（BBO）	私营部门购买公共部门的设施，获得其产权，对其进行改造和运营
	转让—运营—转让（TOT）	私营部门租赁或购买公共部门的基础设施，对其进行改造更新后运营，特许期满后归还公共部门
新建	建设—转移—运营（BTO）	由私营部门投资建设，项目建成后移交给公共部门，再同公共部门签订协议，负责项目的运营
	建设—运营—转移（BOT）	由私营部门投资建设，在特许期内运营项目，特许期结束后移交给公共部门
	建设—拥有—运营（BOO）	私营部门建设并拥有项目，对项目进行运营，同时接受公共部门的监督

狭义的PPP模式指具体的投融资模式，即公私合作投融资。在这种投融资模式下，政府并不是把项目完全交给私营企业负责，而是和私营企业共同分担项目的相关事务。PPP模式下，政府和企业就某一项目成立专门的项目公司，政府授予项目公司特许经营权，项目公司从项目的可行性研究阶段开始全程负责项目的设计、投融资、建设和运营等，公私合作贯穿项目始终。以下的讨论指狭义的PPP模式。PPP模式与其他投融资模式相比优势表现在以下几方面。

①PPP模式缓解了政府的投资压力，实现了融资风险的转移。通过PPP模式投融资，有效地将社会资本运用到体育场馆的建设中，减轻了政府的财政压力，为体育场馆的建设筹集到更多的资金，解决了建设资金不足的问题，同时将融资风险部分转移给了私营企业。

②提高公共服务供给水平，促进政府工作效率提高。在PPP模式中，项目的组织模式与以往不同，公私合作双方由上下级关系变为合作关系，政府的角色由管理者转变为合作者、市场参与者。由于缺乏竞争机制，政府在提供公共服务中的效率低下问题是一个普遍共识，PPP模式的引入打破了政府在公共基础设施领域的垄断地位，使政府也要面对市场竞争的压力，促进了政府部门提高其管理水平和效率。公私双方的合作关系也保证了私营企业决策的独立性，克服了上下级关系带来的束缚。

③非公企业的经验得到充分发挥。PPP模式下，参与公共基础设施项目的私营企业更早地参与到项目中，私营企业的先进技术和管理经验得到了更好的发挥，从而全面提高了项目公司的综合实力，为项目成功提供了技术支持和经验保障。

④风险分配更合理。PPP模式在项目初期就可以实现风险的合理分配，由政府分担政策变动、罢工等政治风险和利率变动、通货膨胀等系统性风险。这种风险分担模式使相关各方承担的风险与各自的风险承担能力匹配起来，从而大大增强了PPP项目的抗风险能力，减少了承建商与投资商风险，从而降低了投融资难度，提高了项目投融资成功的可能性。政府在分担风险的同时也拥有一定的控制权。

（二）几种投融资模式特点比较

综合常见的几种体育场馆投融资模式，结合体育场馆建设规模和赛后运营管理问题，在选择其模式中应当注意适用范围等特点。总的来讲，冠名权、TOT、

PPP等几种投融资模式的选择应当依据投融资难度从小到大的原则。其风险分配、经营权也有着相应的归属（表6-2）。

表6-2 几种投融资模式特点比较

比较内容	冠名权	TOT	BOT	PPP
适用范围	广	已有项目	容易经营，大众普遍参与的项目	大型标志性场馆
融资难度	容易	适中	高	较高
风险分配	风险小	私营部门承担较大风险	私营部门承担较大风险，政府部门承担政策风险	合理，共同分担
项目经营权	公共部门	私营部门	私营部门	共同经营
各方关系	合作	资产转让	等级关系，目标不同	合作共赢
资金来源	私营部门	私营部门	私营部门	公私共同出资

三、体育场馆建设投融资模式选择

体育场馆建设的投融资模式选择，首先应建立在体育场馆的功能特点定位前提下，然后依据建设形式、场馆类型和重要程度、投融资和经营难度以及各方的期望目标四方面的维度综合考虑。

（一）建设形式

从表6-2可以看出，TOT模式的特点适用于已建成的体育设施，政府通过向私营部门租赁已有的公共基础设施，由私营部门对场馆进行更新、扩建和经营达到更新场馆的目的，提高场馆的质量水平。BOT和PPP模式一般应用于新建项目。新建和改扩建原有场馆是提供高水平体育场馆的两种途径。改扩建已有的场馆能节约投资，投资风险小，对私有资本有较强的吸引力。

（二）场馆类型和重要程度

大型体育场馆的兴建往往是为了满足大型体育赛事的需要，但像奥运会这样的体育赛事，它的意义已经远远超过了比赛本身，它是一个国家经济、文化、体育水平的体现，场馆是否达到要求不仅关乎赛事能否成功举办，对国家的形象也有着巨大的影响。PPP模式下，公私合作贯穿于项目始终，公共部门对项目有持续的影响力，避免了 BOT 模式下公共部门对项目失去控制权的弊端，基于这点 PPP 模式比其他几种模式更具有优势。

（三）投融资和经营难度

不同的体育场馆和设施由于其功能和举办项目的不同，其投融资难度和赛后经营难度也是不同的。这对场馆投融资模式的选择有很重要的影响。TOT 模式对已有的场馆进行改扩建，建设资金少，风险小，但是受原有设计限制，对改建后的多渠道使用有一定的影响。BOT 模式完全由私营部门投融资，投融资压力大，对赛后场馆的回报率要求较高。因此并不是所有体育项目的场馆建设都适应 BOT 模式。PPP 模式常用在大型的标志性场馆建设上，这类项目建设资金巨大，完全由私营部门投融资难度很大。政府和私营部门共同分担资金，相互合作有利于项目的成功。

（四）各方的期望目标

由于各种投融资模式在项目期限、风险的分配、收益的获取等方面存在着明显差异，因此，参与者期望目标的不同，也会影响其参与项目的方式和程度。政府部门期望的目标有增加投融资渠道、促进政府职能转变和提高工作效率、成功地举办赛事和赛后良好的利用前景等。如政府期望通过公私合作促进政府改革和职能转变，那么 PPP 模式最合适。私营部门的主要目标是：获取利润、通过承建大型项目增加企业知名度和与政府部门建立良好关系等。

总之，体育场馆投融资模式的选择要综合各方面因素，把项目特点和各种投融资模式的特点结合起来，兼顾投融资模式的共性和项目当地的情况，灵活运用。

四、国内外体育场馆投融资的主要模式

国内外体育场馆投融资模式大多来自基础设施建设领域，并在体育场馆建设中逐步得到发展和完善，尤其是北京奥运场馆建设中，得到了实践检验。

（一）国外体育场馆投融资模式

国外的经济建设经验丰富，资本市场活跃，融资渠道畅通、手段灵活，法制法规健全，形成了体育场馆投融资的良好环境。主要的投融资模式有 PPP 和

BOT 模式。

PPP 投融资模式是政府与私营部门之间的合作方式,在世界许多国家得到广泛的应用。法国巴黎为 1998 年世界杯足球赛建设的法兰西体育场就采用了 PPP 模式:总投资 36600 万欧元,其中国家投资为 19100 万欧元,私营公司投资 3000 万欧元,贷款 14500 万欧元。

2000 年悉尼奥运会的主体育场、主体育馆和奥运村采用 PPP 模式设计、建设和赛后营运。场馆建设支出为 4.63 亿澳元,其中新南威尔士州政府出资 1.35 亿澳元,其余 3.28 亿澳元主要通过股票上市、银行借贷、冠名权和出售会员等方式筹集。主体育馆建筑总造价 1.97 亿澳元,其中新南威尔士州政府出资 1.42 亿澳元,其余由澳大利亚一家名为"Abigroup"的开发公司承担。奥运会结束以后由这家公司承担场馆的运营,30 年以后移交给新南威尔士州政府。奥运村则由房地产开发商建设和销售,在奥运会开幕之前就已经全部售出。

2004 年度欧洲冠军杯足球决赛在德国沙尔克 04 的主场——傲赴沙尔克球场进行。球场的 1.91 亿投入全部来自私人资金,公共财产没有任何投入。

2006 年世界杯的体育场多特蒙德威斯特法伦体育场,总共 3400 万马克的费用中超过 80%来自联邦州、国家、"幸运轮盘博彩"和赞助商。

德国慕尼黑奥运会主场,美国得克萨斯州的阿拉莫圆顶体育场、科罗拉多州的库尔斯棒球场、犹他州的德尔塔球场以及法国的毕格体育场都是应用 PPP 模式的成功案例。

美国 NBA 联赛的菲尼克斯太阳队在 1992 年建成的美国西部球馆的投资中,就是采用 BOT 投融资模式进行的。政府投资占 39%,并拥有体育场馆所有权,其余 61%完全由民间资本构成。具体投资额状况是:市政府投入了 0.35 亿美元,菲尼克斯太阳队投入 0.55 亿美元。同时,菲尼克斯太阳队作出承诺:在为期 30 年的时间里每年上缴 50 万美元(保持 3%增长率)给菲尼克斯政府,同时该场馆的豪华包厢收入以及广告收入的 40%也要上缴给菲尼克斯政府。

1971 年德国新建慕尼黑、安联体育场的全部资金 2.8 亿欧元均由拜仁慕尼黑和慕尼黑 1860 队平分承担。2001 年新建的盖尔森基兴奥夫沙尔克竞技场投资 1.91 亿欧元,资金筹措来源渠道是:1.225 亿欧元来自银行团体,640 万来自开发者贷款,4000 万来自经营者公司,1000 万来自盖尔森基兴城市投资,510 万来自球迷资金,170 万来自 EmscherLippe-Energie。2006 年,德国汉诺威市翻新了下萨克森体育场。融资渠道是:汉诺威市提供 2400 万欧元,银行贷款 2000 万欧元,汉诺威市提供担保 2000 万欧元。

(二) 我国体育场馆的投融资模式的策略选择

随着我国体育产业的发展，体育体制改革的深化，体育场馆投融资体制的改革逐步深入，其投融资模式逐步多元化趋势。

1. 奥运场馆及附属设施项目法人招标的运作模式

国家体育场不仅是2008年奥运会一座独特的历史性的标志性建筑，在场馆建设投融资方面也是我国社会公益设施政府投融资新模式的重大尝试，即采用PPP模式的项目。

国家体育场有限责任公司是北京市国有资产经营有限责任公司与中国中信集团联合体共同组建的项目公司，负责国家体育场的投融资、建设、运营和管理，是国家批准的中外合作经营企业。

2003年8月9日中国中信集团联合体作为项目法人合作方招标的中标方与北京市政府草签了《特许权协议》，与北京市政府和北京奥组委草签了《国家体育场协议》，并与北京市政府的委托投资人北京市国有资产经营有限责任公司签订了《合作经营合同》。协议规定，国家体育场有限责任公司经营期限自2003年12月17日至2038年12月31日，届时国家体育场将被无偿移交给北京市政府，并确保所有设备设施处于良好运行状态且能够操作国际大型赛事。同时，中信联合体将依托被授予国家体育场30年的运营权，期间政府不参与任何分红。

从中可以看出，国家体育馆项目PPP模式和BOT模式的灵活组合确保了政府少投入。在减少政府承担的运营风险的同时，促使合作企业市场化运作，使项目的盈利预期大大增强。

2. 商业开发运作模式（BOT模式）

北京五棵松文化体育中心项目的运作是将预期盈利弱的体育设施搭配一定面积的商业设施，经包装后对国内外公开招标确定项目法人，由项目法人负责项目的投融资、设计、建设、经营和管理。北京发改委把这种模式称为商业开发运作模式。五棵松文化体育中心项目的特点是，单就其中的体育馆本身而言，30年的正常经营期内是亏损的，但是通过搭配一定面积的酒店、商业娱乐等设施，项目整体将得到较好的效益。除五棵松文化体育中心项目是按照商业开发模式运作外，会议中心项目的融资也采用这个模式并获得成功。

3. 盈利项目同体育设施捆绑运作模式

国家体育馆和奥运村是打捆招标，以有盈利预期的高档住宅奥运村平衡带有公益特点的国家体育馆，使得项目整体具有较强商业价值。这种融资方式称为盈利项目同体育设施捆绑运作模式。"馆"与"村"捆绑后成为招标中最为抢手的项目，最后中标的联合体更是强强联合，既有北京城建这类的大型建筑企业，也有拥有中国超级足球俱乐部的中信国安集团，他们将共同负责国家体育馆和奥运村的投资、设计、建设和运营。

通过上述三种方式，政府就不必负担运营的经费。而对于企业而言，有实力夺标的企业在设计上就充分考虑了今后运营的问题，比如国家游泳馆项目，奥运会后已改建成一个水上娱乐中心。单纯靠体育设施盈利比较困难，所以北京市发改委考虑给他们很多附属设施的综合经营，现在的业主都在招聘国际运营商来帮助他们，借鉴其运营经验，希望通过奥运会后的经营获得更大的回报。

当然，除了北京奥运场馆建设中一些典型的投融资模式之外，在我国其他地方和一些大型赛事活动的体育场馆建设中，也越来越多地采取了一些新的模式选择。总之，我国现行的以单位自筹和财政拨款为主的体育场馆投融资模式已成为制约当前体育场馆建设与发展的瓶颈。因此，我们应立足于借鉴和学习发达国家在体育场馆建设投融资方面的先进经验和部分省市在这方面的实践探索，运用新的理念，加快体育场馆建设投融资的体制改革，推动我国体育场馆建设可持续健康发展。

第三节　体育场馆的资本运营

西方经济学中没有这一概念，90年代在我国出现，它是形成于中国的一个经济学新名词。资本运营是市场经济发展到一定阶段的一种必然现象，是一种更高层次的经营。资本运营使企业以最短的时间、最快的速度，实现最优的战略性飞跃。全球经济一体化和知识经济的到来，为资本运营提供了广阔的发展空间。在体育场馆经营管理过程中，如何提升其运营管理效能，将离不开资本运营。

一、资本运营

所谓资本运营是指以利润最大化和资本增值为目的，以价值管理为特征，将本企业的各类资本，不断地与其他企业、部门的资本进行流动与重组，实现生产要素的优化配置和产业结构的动态重组，以达到本企业自有资本不断增加这一最终目的的运作行为。它对于企业追求利润最大化、扩大市场占有率、形成经济规模、降低风险、实现资源最优配置等具有重要作用。

(一) 资本运营的内涵

宏观层次上看，资本运营是指整个国有资本的战略性调整、优化和重组；微观层次上是指企业为了保持或提高其核心竞争能力，而对企业资本的重新组合。它是指以追求最大利润或资本最大增值为目的，把企业所拥有的一切有形和无形的社会资源和生产要素都视为可以经营的价值资本，通过流动、收购、兼并、重组、参股、控股、交易、转让、租赁等各种调整和优化配置手段，对企业资本进行有效运作，实现增值的一种经营管理模式。资本运营是市场经济发展到一定阶段的必然产物，是实现社会配置资源的一种重要方式，它通过资本层次上的资源整合来优化社会的资源配置结构和配置效率。以资本最大限度增值为目的，对资本及其运动所进行的运筹和经营活动。它有两层含义。

第一，资本运营是市场经济条件下社会配置资源的一种重要方式，它通过资本层次上的资源流动来优化社会的资源配置结构。

第二，从微观上讲，资本运营是利用市场法则，通过资本本身的技巧性运作，实现资本增值、效益增长的一种经营方式。

换句话说，资本运营的主体可以是资本的所有者，也可以是资本所有者委托或聘任的经营者，由他们承担资本运营的责任。资本运营的对象，或是一种形态的资本，如金融资本，或者是两种形态以上的资本，如运营生产资本、商品资本、房地产资本等。资本的各种形态必须投入到某一经营领域之中或投入多个经营领域之中，即投入到某一产业或多个产业之中，才能发挥资本的功能，有效利用资本的使用价值。资本作为生产要素之一，必须同其他生产要素相互组合，优化配置，才能发挥资本的使用价值，才能创造价值。资本运营的目的是要获取理想的利润，并使资本增值。

资本运营实际上并不神秘，它本来就是经济主体进行价值运营的直接体现，是一种正常的市场行为，客观上反映着产品再生产过程的资本再生产，具有不以人的意志为转移的客观规律性。资本运营是相对于生产经营的概念。一方面资本运营以生产经营为基础，只有在生产经营发展到一定程度，资本运营才具有必要性和可行性；另一方面，生产经营的快速发展又离不开有效的资本运营。

(二) 资本运营的构成要素

资本运营一般包括四个要素：运营主体、运营资本、运营对象和运营手段。

另外还需要有一个良好的运营环境，即资本市场。资本运营的目的就是在利润最大化原则下使资本在再生产过程中实现保值和增值，使资本更有效率，并能不断地实现资本扩张。需要注意的是，这里所说的资本运营已经超出了一般产品再生产过程的资金运营的意义，它的更深刻的含义是指如何使企业具有强大的实力，即企业的核心能力，从而使企业具有竞争能力和资本扩张能力。企业内部的资产重组、企业间的兼并、收购和重组，都是资本运营的重要内容（一般讲资本运营，多是指企业间的兼并重组），对于企业的发展都具有重要的意义。资本运营是企业发展到一定阶段后，结合内外资源状况寻求自身进一步发展时的一种内在需求，成功的资本运营与资本市场的发展和完善是密不可分的。

（三）资本运营的原则

在具体的运作过程中，资本运营需要遵循一定的原则。

第一，就运营主体而言，必须实现资本运营与核心能力的有机结合。证券市场是资本运营的天然舞台，通过证券的发行、运作实现资本的增值，实现资本存量的盘活，然而从长期看，要实现企业资本的健康持续增长，企业资本存量的增长必须以企业核心能力，即生产能力的提升呈同向增长。

第二，实现企业经济实力与品牌优势的有机结合。这是我国很多企业在资本运营过程中忽视和做得不够的地方，我国企业自主品牌比例和企业的创新能力不强，很大程度上缘于企业经营者，在资本运作过程中，片面强调资本存量统计数值的增加，而忽略品牌创造和维护有很大关系。

第三，实现低成本扩张和资本效益的有机结合。资本运营可以采取很多运作方式。资本效益的提高如果以高成本付出为代价，资本运营的效率是低下的，因此必须实现低成本扩张和资本效益的有机结合。

第四，实现内部完善的管理与对外规模经济的有机结合。

此外，从资本运营的内容和形式来看，可以分为实业资本运营、金融资本运营、产权资本运营。

二、体育场馆资本运营

随我国体育产业的发展，体育赛事已成为体育产业的支柱，体育场馆是承办体育赛事的重要载体，是体育资本市场的重要组成部分。在西方国家体育市场开发历史悠久，资本市场较为发达，体育场馆资本运营也相应地较为成功。

（一）西方国家体育场馆资本运营

奥运会是体育场馆资本运营的典型案例。在奥运会的发展历史上，没有人可以否认尤伯罗斯的改革对于奥运会历史发展的决定性作用。从洛杉矶奥运会开始，在尤伯罗斯的倡议和推动下，奥运会和奥林匹克已经成为极具商业价值的重要资本。洛杉矶奥运会成功的商业化操作给国际奥委会带来了巨额财富，也铸就了奥林匹克运动新的辉煌。其商业运作经验成为体育资本运营的典范。

奥林匹克运动的独立性排除了被商业组织收购的可能性，从而使其能坚持宗旨，推广奥林匹克文化，赋予奥林匹克运动以崇高的人文内涵，为奥林匹克产业化创造了无限的商业价值，这也是许多商业机构愿承担较大经济风险，为奥林匹克运动投巨资的重要原因。

同时各国为了减少运作成本和奥运后场馆的运营成本，在奥运会筹备期间，大量引入民营资本参与奥运会的运作，一方面筹措了奥运会运营所需的大量资金，另一方面通过资本的参与，实现了奥林匹克无形资产的增值运营。

【链接】

悉尼奥运会场馆投融资模式剖析

以悉尼奥运会为例。民间资本参与主要通过项目融资方式进入奥运场馆，主要运用 BOOT（建设——所有——运营——移交）和 BOO（建设——所有——运营）这两种最为常用的模式。

首先，澳大利亚的奥运协调委员会于 1995 年成立，它在奥运投融资上做了几件事：第一，将土地等财产委托出租给澳大利亚体育场信托公司（SAT）；第二，对 SAT 提供一定的贷款；第三，对 SAT 签署投资项目的合约；第四，对 Obagashi 公司（建筑商）签署建设合约。

其次，澳大利亚体育场信托公司（SAT）由两家最有实力的公司发起（1994），它除了吸收投资发起人的资金外，还向商业投资者融资（1995），然后向社会首次公开发行（(IPO)组合证券，并在澳大利亚证券交易所上市。这种证券由单位信托和股票组成，这两种证券不能分拆交易。在 IPO 中，SAT 发行了两种证券（1）"金边组合"：以 2000 股股票加 2000 单位的信托凭证为一手发行，并享有奥运会期间可以在任何场馆都保证的两个优先座位，澳大利亚体育场的两个 30 年的会员资格。（2）"银边组合"：以 1000 股股票加 1000 单位的信托凭证为一手发行,并有一个优先座位和一个30年的会员特权。SAT还向Obagashi公司签署建设合约,向澳大利亚体育场管理有限公司(SAML)转租财产权。

第三,澳大利亚体育场会所有限公司(SACL)向金边和银边组合的投资者(或其提名人)发放会员证;并向SAML签署委托管理合约。

第四,SAML作为投资管理人,负责管理和运作投资者的资金,并与SAT签署财产权的转租协议;向SACL承接会所的管理权;并向ObdenIFC公司签署主要的运营合约,向Gardner Merchant(餐饮服务商)签署餐饮服务合约,向三个供应商签署关键供应合约(Tooheys, Coca—Cola, Ticketok)。

第五,投资者在IPO中踊跃认购这种组合证券,使金边和银边组合的证券出现超额认购,其原因是受奥运比赛的吸引、拥有SACL会员资格的良好形象以及享有税收方面的好处。这种证券(在座位优先权和会员特权已行使后)在交易所上市后,股价在1998年曾居50澳元高位,但不久下跌并在2000年举办奥运会时下跌到约0.5元。其原因是在IPO中定价过高,以及人们担忧奥运会后体育场馆的长期运营的业绩。

以上的例子说明,悉尼奥运会确实在投融资证券化方面做出了显著的创新,充分发挥民间资本的作用并减少了政府承担的风险。这种融信托基金、股票、门票和会员证为一体的组合证券,体现了有形资产和无形资产的价值,取得了体育资本运营的利润和效果,为奥运会资本运营作了有益的尝试并取得了一定的成功经验。

(二)我国体育场馆资本运营

就体育资本市场的构成情况而言,广义体育资本市场,包括体育证券、体育基金、体育保险、银行信贷、体育赞助以及体育彩票等诸多融资渠道,目前,都有不同程度的表现。随着中国体育产业化进程的深入,这些市场将发挥越来越重要的作用。鉴于我国体育产业的现状,股权融资的主要希望还是集中在酝酿中的创业板市场和风险资本的投入,风险投资将是近期我国体育产业除国家投入之外的主要融资方式。而商业银行贷款和体育产业基金则是体育产业融资的另外的重要手段。

目前我国整体体育场馆运营管理还处于初级阶段,在我国体育场馆的资本运营中,多体现在场馆建设过程中的投融资领域。虽然在建设过程中的投融资模式对于赛后的场馆运营起着举足轻重的作用,但实际上,仅仅体现在场馆建设初期的资本运营,严格来讲,还不能完全成为体育场馆资本运营的重要形式。

体育场馆的资本运营应该更多地利用已有场馆资源，并将其转化、扩大、提升其资本价值，达到利润最大化，进而在最短的周期内实现战略发展。

北京奥运场馆的建设和运营，是我国体育场馆资本运营的重要尝试。

【链接】

北京五棵松文化体育中心资本运营

北京五棵松文化体育中心是北京市体育设施总体规划布局"一个中心，三个区域"的重要组成部分，项目总占地面积约52公顷，规划建设规模约35万平方米。该项目含五棵松体育馆、五棵松棒球场、文化体育产业设施和商业设施。该体育中心容积率为0.7，有10多公顷的集中绿地和20多公顷的文化体育运动公园，规划停车位2500个，能够满足商业设施未来发展的需要。商业设施是北京五棵松文化体育中心的重要组成部分，是项目市场化运作的重要环节。商业设施总建筑面积约22万平方米，可建设酒店、写字楼、大型购物中心等。

2006年初，华熙集团通过旗下民航房地产开发公司从北京市政府取得五棵松体育文化中心有限公司65%的股份，成为五棵松体育馆的业主。2009年初，民航房地产开发公司又以3.3亿元的价格收购了北京城建股份公司所持的另外25%的股份，将控股比例提升到90%。就这样，五棵松体育馆成为中国唯一一个由民营企业运营的体育场馆。奥运会之后，北京五棵松体育馆由AEG公司参与经营，不但承办篮球比赛，还每年承接数百场歌星演唱会、大型演出等项目，取得较好的经济效益。

2011年1月6日，万事达卡国际组织（MasterCard Worldwide）宣布获得五棵松体育馆的冠名权。这座曾经是2008年北京奥运会篮球馆的体育馆自此更名为"万事达中心"。当天万事达卡与该场馆业主华熙国际投资集团及总部位于美国的全球领先体育和娱乐推广公司AEG签署协议，共同打造这座北京顶尖体育娱乐场馆。

场馆运营方表示，这座奥运场馆的冠名标志着中国快速发展的体育和娱乐产业的又一个里程碑：它是第一座进行商业冠名的2008年奥运场馆，也是北京第一座进行商业冠名的体育场馆。

业内人士普遍认为，此次"万事达中心"的成功冠名将成为中国体育和娱乐业的一个里程碑。也为体育娱乐场馆运作开辟了新的经营思路。根据万事达卡与华熙国际投资集团有限公司和AEG三方达成的协议，"万事达中心"冠名权为5年,作为业主华熙国际投资集团有限公司的重要战略伙伴,NBA和AEG将继续与业主的场馆运营公司合作,为"万事达中心"的管理和赞助提供全方位的咨询和支持服务。

三、我国体育场馆资本运营的前景

体育资本是一种极具潜力的绿色资本,随着我国体育市场化、商业化改革的逐步深入,体育市场法规的日益完善和规范化发展,特别是经历2008年奥运会以及一系列的体育赛事商业运作的洗礼之后,体育资本的类型将会不断的丰富,运作方式日益规范,体育资本运营的规模和效益将会进一步提高。

近年来随着体育的逐步升温,体育资本已经成为一种融合度和影响度很高的资本运营载体,通过商业广告、体育博彩、体育保险、体育基金等方式参与到各个领域的资本运作过程中,进入资本运营的大循环。

体育培训、体育竞赛表演业是体育产业的根本,体育场馆资本是体育资本的重要组成部分。要提高我国体育场馆资本运营的效率,一方面要加强体育场馆资本运营人才的培养,另一方面要进一步规范化发展相关体育场馆资本市场,明晰权、责、利,为体育场馆资本的融资上市创造良好的市场环境,同时要加强体育场馆资本的相关立法管理,保障体育场馆资本所有者的获益权。

思考题

1. 什么是项目融资?项目融资的特点是什么?
2. 我国体育场馆投融资的现状是什么?常见的体育场馆投融资模式选择应注意哪些因素?
3. 什么叫资本运营?体育资本运营的特点是什么?
4. 北京五棵松文化体育中心资本运营的核心是什么?对我国体育场馆资本运营有怎样的意义?

第七章 体育场馆风险管理

[内容提要]

　　风险管理是当今组织面临的最重要问题之一,也是体育场馆运营管理的重要内容。本章从风险概念及风险管理的内容入手,按照风险管理的流程分析了体育场馆风险识别、风险控制和风险预警相关内容。

　　体育场馆通常是人群集聚的地方,器材故障、场地故障、民众情绪等均蕴藏着对人的伤害。体育场馆的巨额投资以及大型赛事活动商务开发的不确定性等,也让其运营存在巨大风险。同其他风险管理一样,体育场馆风险管理的关键也在于对风险进行有效识别。

第一节 体育场馆的风险识别

所有项目都有风险，零风险的项目是不值得从事的。能更好地理解风险的本质、更有效地管理风险，不仅可以避免未预料到的灾难，还能提高利润率，减少意外事故开支，从而节约资源用于其他尝试，抓住有利的投资机会。

一、体育场馆风险的定义

风险的一般定义为：在特定时期一些意想不到的不利结果发生的可能性。事件预期结果与实际结果发生变动的程度越大，风险越大，反之亦然。风险由三个维度构成：不利事件的发生、事件发生的可能性以及事件确实发生时的结果，这三个部分构成了风险评估模型的基础。风险可以描述为事件发生可能性（发生概率）和影响的联合函数，即风险=F（事件发生的可能性；影响）

风险与体育场馆的运行活动密切相关，它潜藏于体育场馆运营的各项活动中，并具有不同的表现形式。

体育场馆风险指在体育场馆向消费者提供产品或服务的过程中，影响活动参与者进行正常活动，或导致参与者伤亡、权益受到侵害，经营场所、经营者受到损失等事件发生的可能性。

二、体育场馆风险的特征

体育场馆通过生产和销售体育场馆服务产品获取相应的收益，因而面临着与一般企业相同的风险，如信用风险、流动性风险、破产风险等。另一方面，公益性体育场馆作为政府向市民提供公共服务的一种手段，在运营过程中面临着巨大的政策风险。由于体育场馆提供产品的特殊性，体育场馆风险也具有如下特征。

第一，高事故、高伤害风险。体育场馆运营风险特点就在于其行业特征所决定的高事故发生率、高人身伤害发生率和由此造成的各种过失性人身伤害责任赔偿，这些风险远远高于其他风险所能给场馆运营者造成的损失。这同其他企业主要面临的财务风险有所不同。

第二，闲置风险。体育场馆的主营产品是体育竞赛、文艺演出和场地租赁服务，其产品特点是一边生产一边消费，因此它不能储存，也不能运输，同时还会受季节影响。即某一体育场馆资源如果不能在当天变为产品提供给消费者，那么这个资源就永远浪费了。当供大于求时，场馆资源就会出现闲置浪费；当求大于供时，资源也不能被重复使用，从而造成体育场馆一直处于较高的闲置风险中。

第三，较高的质量风险。体育场馆的业务活动是对客人的招揽与接待，经营的产品是一种无形的服务。无形性是指顾客购买体育场馆产品时得到的只是一定时空内对体育场馆服务和设施器材的使用权，所获得的是一种主观感受。由于是无形的产品，体育场馆无法预留时间来检验提供给消费者的产品是否合格，也不能像有形产品那样，由下一道工序的员工检验上一道工序的质量。体育场馆产品最主要的检验者是消费者，而同样的服务不同的消费者会有不同的主观感受，即使是同一顾客的主观感受也会随顾客的心情、兴趣、性格等因素的影响而发生变化。这种特性就使体育场馆产品质量很难控制，具有较高的质量风险。

三、体育场馆的风险识别

风险识别是风险管理的重要环节。风险管理是一个正规有序的过程，它通过系统地对项目生命周期内的风险进行识别、分析以及应对，从而消除风险或将风险控制到最佳或可接受的程度。风险管理包括以下几个部分：识别风险、预测风险发生的可能性和严重程度、制定应对风险的决策以及执行这些决策。风险识别首先要弄清楚项目的组成、各变数的性质及其相互关系、项目与环境之间的关系等，在此基础上利用系统的、有章可循的方法查明对项目可能造成影响的诸多事项。

（一）体育场馆风险的分类

按风险来源可以将体育场馆风险分为外部风险和内部风险。外部风险是指源于体育场馆外部环境的一类风险，它包括自然、政治、经济、社会、法律、技术等宏观外部环境风险和顾客、供应商、竞争对手等微观内部环境风险变化引起的不利影响。内部风险是指源于体育场馆自身的风险，它包括产品、营销、财务、组织与管理、人事等风险。这里主要介绍外部风险。

1. 政治风险

即指由于政局变化、政权更迭、罢工、战争、政策多变、政府管理部门的腐败和专制等引起社会动荡而导致大型体育场馆项目造成经济损失乃至人员伤亡的风险。

大型体育场馆项目的政治风险是指政治方面的各种事件和原因所带来的风险，包括：政府或主管部门对工程项目干预太多，指挥不当；政策透明度差，权力机构腐败；工程建设体制、工程建设政策法规发生变化或不合理；法制不健全，法律不公正；政策多变，社会动荡导致项目失败。

2. 经济风险

经济风险是指经济实力、经济形势及解决经济问题的能力等方面潜在的不确定因素导致大型体育场馆项目遭受厄运的风险。有些经济风险是社会性的也有行业性的。经济风险包括：宏观经济形势不利，如整个国家的经济发生不景气或不断滑坡；投资环境差，工程投资环境包括硬环境（如交通、电力供应、通信等条件）和软环境（如地方政府对工程的开发建设的态度等）资金不到位，延期付款，信用缺失；利率调整幅大、原材料价格无规律上涨，如建筑钢材价格不断攀升，原材料短缺等；通货膨胀幅度过大，税收提高过多。

3. 社会风险

大型体育场馆的社会风险是指由不断变化的道德信仰、价值观，人们的行为方式、社会结构的变化等社会因素产生的风险。社会风险影响面极广，它涉及各个领域、各个阶层和各个行业。大型体育场馆项目所在地的宗教信仰、社会治安、风土人情，社会和谐度、公众对项目建设行动的认知程度和态度、工作人员文化素质、土地问题、物价问题、就业问题、环境污染、对生活习俗的影响等是社会风险的组成因素。

4. 技术风险

大型体育场馆的技术风险是指技术条件的不确定而引起的风险。主要表现在工程方案选择、设计、施工等过程中，在技术标准的选择、分析计算模型的采用、安全系数确定等问题上出现偏差而形成的风险。另外，如技术目标过高、技术标准发生变化等也可造成技术风险。在施工中采取的施工方案不能满足施工要求也会带来较大的项目风险。如滨州某体育馆在建过程中，由于脚手架失稳造成楼板混凝土浇筑过程中坍塌，造成重大安全、质量事故。

5. 管理风险

管理风险是指由于项目管理组织、制度、管理技术等因素导致项目没有达到项目目标的风险。管理风险主要包括以下几项。

组织机构的设置。组织机构健全，配合密切，效率高，则风险低，否则风险高。

成本控制风险。由于规划、建设过程中风险发生造成的成本升高。

质量风险。由于管理原因造成的质量风险威胁项目成功。

项目的完工风险。项目完工风险也是影响大型体育场馆项目建设能否达到预期目标的重要管理风险。

此外，项目管理人员管理能力不强、经验不足，工人素质低等因素也是管理风险的重要组成因素。

不同规模、不同类型、不同区域的体育场馆，甚至不同管理团队下同一体育场馆，其面临的风险源均有差异。体育场馆应根据行业特征以及场馆面临的特殊环境对风险进行识别。表7-1给出某大型体育中心体育场馆部门的风险清单。

表7-1 大型体育场馆危险源清单

工艺过程 （区域/活动）	工序（活动） /设备/人员	危险源	风险
经营/管理活动	演唱会搭设舞台	违反安全技术措施	机械伤害
	内场保洁作业	登高作业，违反安全措施	高空坠落
	高压电器的运行	绝缘老化损坏短路	跳闸停电
	配电操作	违反操作规程，误操作	电器伤害
	比赛演出	停电	引起观众混乱，挤踏伤害
	电梯停电故障	停电	电梯困人
	电梯运行	发生电器及机械故障	被困住、无法关门
	电瓶车驾驶	电瓶货车严禁载人	摔伤、压伤
	自然灾害	雷击	建筑物伤害
	绿化、草坪维护	喷洒农药无防护装置	农药中毒
	大型演出（赛事）活动的安全	观众携带严禁物品入场	伤人及爆炸
	篷盖钢结构的安全检测	钢结构坍塌	伤人
	电器维修	违反电工操作规程	电器伤害
	游泳池热气供给	太烫	人员伤害
	游泳池水未消毒	滋生细菌	人员伤害
	池水太深，未设警告牌	人员溺水	人员伤害
	馆内无防滑垫	人员滑倒	人员伤害
	游泳圈漏气	人员溺水	人员伤害

(续表)

工艺过程 (区域/活动)	工序(活动) /设备/人员	危险源	风险
	比赛演出	火灾	引起观众混乱,挤踏伤害
		爆炸	引起观众伤亡,挤踏伤害
		恐怖活动	引起观众伤亡,挤踏伤害
		狂风暴雨、设施倒塌	引起观众混乱,挤踏伤害
设备维修	发电机/配电房/ 空调房/维修	接触选准部位	人员伤害
		敲击物体飞逸	物体打击
		安全装置缺损	人体伤害
		电气绝缘损坏	触电伤害
		工具坠落	物体打击
		警示标志缺损	人员伤害
		接地(零)缺损	触电伤害
压力容器	锅炉	违章作业	人员伤害
		违章作业或设备故障	潜在爆炸、火灾
		压力表超期	设备事故
		阀门漏气	人员伤害
		水位计损坏	设备事故
		高温作业	人员烫伤
		安全阀、压力继电器、 水位、水温继电器损坏	爆炸
		潜在火灾	爆炸
焊接	焊机/焊枪/氧气 /乙炔/焊工	焊接时产生的辐射	诱发职业病
		热辐射	诱发职业病
		点焊烟气排放	诱发职业病
		火星、焊渣等飞溅	人员灼伤,诱发火灾
		未佩戴防护眼镜	眼睛灼伤
		原材料摆放混乱	人员碰伤
		焊枪电源短路	人员伤害
		绝缘损坏	触电伤害
		接触赤热部位	人员烫伤
		作业环境不良	人员伤害
		违章作业	人员伤害
		过载保护缺损	触电伤害
		焊机接地(零)缺损	触电伤害

(续表)

工艺过程 (区域/活动)	工序（活动） /设备/人员	危险源	风险
		进线端、输出端护罩缺损	触电伤害
		一、二次线圈绝缘损坏	触电伤害
		焊钳绝缘损坏	触电伤害
		有害气体逸出	诱发职业病
		操作失误	人员伤害
		高压气瓶受外力撞击	诱发火灾爆炸
		氧气瓶沾有油脂	诱发火灾爆炸
		乙炔、氧气二者混放	诱发火灾爆炸
		乙炔、氧气存放间隔小于4米	诱发火灾爆炸

（二）体育场馆风险识别的方法

风险识别的方法有定性分析法和定量分析法。定性分析法试图以风险的发生对项目结果影响的大小来比较风险的相对重要性；定量分析法试图确定项目结果的绝对值范围和概率分布。

1. 定性分析方法

常用定性分析法有头脑风暴法、德尔菲法、访谈法、清单法、风险地图法、风险矩阵图法等。

头脑风暴法：多人面对面对问题进行无限制性讨论，以寻找尽量多的指向问题的答案。头脑风暴会议最佳人数为12人，最理想的时长为15~45分钟。基本规则有：清晰地阐述手头问题；鼓励参与者放松对自己思想的禁锢，围绕问题形成发散性思维；交流、碰撞参与者的想法等。

德尔菲法：由一组专家先各自独立地作出预测，然后排除极端观点达成一致意见。

访谈法：在无条件开展小组工作的情况下，通过访谈向个人获取信息的一种方式。

清单法：分为核对清单法和提示清单法。核对清单法是一种根据以前遇到的风险进行推导的演绎技术，为管理提供了一种快速识别可能风险的便利方法。核对清单采取一系列问题的方式，或者采用将考察的问题列表的方式。组织可以自行设计核对清单，也可采用其所在行业或部门适用的清单。提示清单法是指按照风险种类或领域分组，如按金融、技术、环境来分，或按与风险相关的任务来分，如设计、建造、启用等来分组，采取演绎技术设计风险清单的方法。

风险地图法：用二维图来描述风险，X 轴表示风险发生的潜在严重程度；Y 轴表示风险发生的概率，依次考察风险并绘制于图上。图上的等风险曲线表示具有不同的概率的等价风险，可引导分析者确定风险的相对重要性。

风险矩阵图法：通过在矩阵图中描述风险发生的概率和影响以将影响大小不同的风险区分开来。

2. 定量分析方法

定量分析方法包括决策树法、蒙特卡洛模拟法、敏感性分析法等。

决策树法：决策树发端于决策点，随后按照决策制定过程自上至下依次有序地汇出机会事件和决策。决策树的目的是为每一个方案确定期望值。

蒙特卡罗模拟法：即使用随机数字模拟不同情形的结果。这种模拟模型可以用来测定系统对不同输入的反应。

敏感性分析法：用于测定某一风险变量的改变对整个项目的影响。

第二节　体育场馆的风险应对

体育场馆风险应对是在风险识别的基础上，通过风险计划的制定以减少威胁、增加机会的管理过程。体育场馆风险应对方法主要包括风险规避、风险缓解、风险转移和风险自留。

一、体育场馆的风险规避

风险规避（Risk Avoidance）是通过变更计划，从而消除风险或消除风险产生的条件，或者是保护经营目标不受风险的影响。风险规避是对项目风险进行识别、评价后，通过修正项目计划，消除风险本身或产生风险的条件，或者保护项目目标免受风险的影响。在项目早期出现的某些风险症候或征兆，可以通过明确需求、广泛获取信息以合理地规避。此外，对于风险较高的项目采取缩减项目范围、增加项目资源、增加项目风险储备金、运用成熟的方案等方法，都可以有效规避项目风险。

风险规避的方式一般有如下两种。

(1) 规避风险事件发生的概率。

(2) 规避风险事件发生后可能有的损失。

二、体育场馆的风险缓解

风险缓解是一种具有积极意义的风险应对手段。它通过事先控制或应急方案使风险不发生，或一旦发生后使损失最小或尽量挽回损失。

风险缓解方案可分为以下三种。

(1) 预控方案。经过风险识别后，就每一个风险进行详细的说明，包括风险产生原因、条件、环境、后果与控制发生的要领等。

(2) 应急方案。应急方案的目的是使项目风险损失最小化，应急方案是在损失发生时起作用的。建立体育场馆突发事件应急预案，可以及时、有效处理大型体育赛事或群众体育活动中可能出现的突发公共事件，最大程度地减少给场馆带来的经济损失和社会负面影响。

(3) 挽救方案。挽救方案的目的是将风险发生后造成的损失修复到最高的可使用程度。

三、体育场馆的风险转移

风险转移是设法将某风险的结果连同对风险应对的权利和责任转移给对方。风险转移方法很多，比较常见的有保险、担保、合同转移等。

(一) 保　险

保险是分散风险、补偿损失的一种手段，是人们在与灾害风险斗争中总结出来的处置风险的一种方法。保险有利于体育场馆企业对各类突发事件带来的财务支出提供经费保障，有利于对自身不能承受的风险实施转嫁。由于体育场馆具有高事故、高伤害的风险特点，因此购买人身意外伤害险和公众责任险对体育消费者和体育场馆经营场所都是最基本的保障。

(二) 担　保

担保是为他人的债务、违约或失误负间接责任的一种承诺。通常的工程担保类型主要有履约保证、银行信用保证、现金保证、财产保证、留置权等。如体育场馆管理者与某项体育活动的参与者签署免除责任协议，使受害者放弃追究责任的方法。

(三) 合同转移

合同转移是通过业主与设计方、承包商等分别签订的合同来明确规定双方的风险责任，以此转移项目风险的一种风险处置方式。如体育场馆管理者同有关责任人员（教练、教师、裁判、体能专家和医务人员等）签署合同，由他们对自己的过失行为所造成的损失负责。体育场馆管理者通过与租用设备者签订维持无害协议转移部分风险，即在活动举办期间如果发生任何损害，由租用设备者赔偿。

四、体育场馆的风险自留

在工程项目风险管理中，对一些不是很严重的风险，或者不适合用其他措施应对的及采用其他应对措施后残余的一些风险，风险管理者常采用自留的方式处置。风险自留（RISkRetention）意味着在不改变组织计划的前提下去应对某一风险，或项目主体不能找到其他适当的风险应对策略，而采取的一种应对风险的方式。

风险自留和风险转移是风险处理的主要技术手段。在实际操作中，有时会选择风险自留，有时会选择风险转移，有时会两者兼用。当损失的严重性低、损失频率高时，风险自留是最佳选择；当损失的严重性高、损失频率低时，风险转移是最佳选择；当损失的严重性高、损失频率高时，风险自留+风险转移+损失控制等组合是最佳选择。

[链接]

国外体育场馆风险管理介绍

国外对体育场馆的风险管理研究起步较早，已经形成了一套比较成熟的风险管理计划，其主要内容包括以下几个方面。

(一) 群众管理

群众管理，是通过政策制定与组织运作，协助设施或活动管理人员，给顾客提供安全和令人愉快的环境。群众管理人员的任务包括管理顾客的移动和活动参与、协助处理紧急状况，并且以有礼貌和专业的服务态度协助客人处理他们特别关心的事情，以便使他们享受活动本身的乐趣（Alllmon, 1997）。许多有经验的群众管理者都认为，在体育活动中，最危险的时刻是观众入场和离场的时候，而不是在活动进行过程中。因此，确定在体育设施中的观众人数是十分重要的。

一个有效的群众管理应满足以下几方面的要求。

1. 群众管理计划必须是风险管理计划下的一个环节。
2. 群众管理计划必须由经过训练而且能干的员工来执行。
3. 群众管理计划必须有具体的作业程序能够处理紧急事件。
4. 群众管理计划必须包括将企图干扰现场、抵抗或酒醉的观众驱离的作业程序。
5. 群众管理计划必须应用通信网络。
6. 群众管理计划必须使用适当的指示标志。

（二）紧急事件管理

紧急事件管理是指准备、降低、处理和补救紧急事件的作业过程。紧急事件管理是一个动态过程。紧急事件的类型包括自然灾害、技术灾害和医疗事故等。

一个紧急事件管理计划应该包括以下内容。

(1) 所有需要的紧急电话号码。
(2) 制定书面的责任并落实到人。
(3) 指定安全地区并确保工作人员到位。
(4) 制定紧急疏散程序等。
(5) 在紧急事件管理计划中，疏散程序作为该计划的一部分，其实施的效果对整个计划的执行有着重要的影响。

以下的几点建议可以帮助疏散程序的成功实施（阿蒙，1996；勃朗，1995）。

(1) 预测潜在的灾难。
(2) 定期演习疏散程序。
(3) 建立一个通信链，确保工作人员能够及时有效的沟通。
(4) 指派人员负责斜坡、电梯、通道和出口等地的安全。
(5) 禁止重新进入事发地区，除非是经授权的人员（如警官、消防员等）。
(6) 确保所有门都是打开的，障碍物都被清除掉。
(7) 有一个对残疾人的帮助计划。

(8) 请求停车人员和执法官员帮助控制出口秩序。

(9) 收集必要的资料，准备与媒体和当局沟通。

(10) 确保紧急车辆和乘务人员任何时候都能履行职责。

(11) 整理这次事件之前、之中和之后的有用的处理措施和方法。

(三) 酒精管理

由于在国外的许多体育活动场所中，小卖店都会向客人提供含有酒精的饮料，所以对酒类销售和醉酒者的管理也就成为了体育场馆风险管理计划的一部分。

酒精管理计划包括主要内容如下。

1. 对所有加盟小贩、安全人员和志愿者进行培训，让他们认识到几种潜在问题。
2. 要求每一位想买酒的顾客提供身份证件并接受检查。
3. 设置酒类供应量的上限。
4. 比赛的某些时段必须停止销售酒类。
5. 安排受过训练的群众管理人员在体育设施入口，阻止已经喝醉者入场。
6. 禁止顾客携带酒精饮料（自备的或购买的）入场。
7. 在活动结束前一小时终止所有的酒类销售和供应。
8. 提供安全回家工具并特别指定驾驶员。

第三节 体育场馆的风险预警

预警即对不利事件提前做出反应，最先应用于宏观经济预测和调控领域。风险预警管理最集中体现在体育场馆安全管理中。随着体育场馆管理水平的提升，经营风险的预警管理也逐步在大型场馆中得到应用。

一、体育场馆风险预警及预警管理

风险预警指对经营活动的风险进行分析、评价、推断、预测，根据风险程度事先发出警报信息，提醒决策者警惕风险。体育场馆风险预警是指对体育场馆提供场地或劳务的经营实践活动过程中的风险进行分析、评价、推断和预测，并根据风险程度发出警报信息，提请决策者警惕风险的管理过程。

风险预警管理一般结构包括信息系统、预警推断系统、风险识别系统、风险警报系统和预控对策系统。如图 7-1 所示。

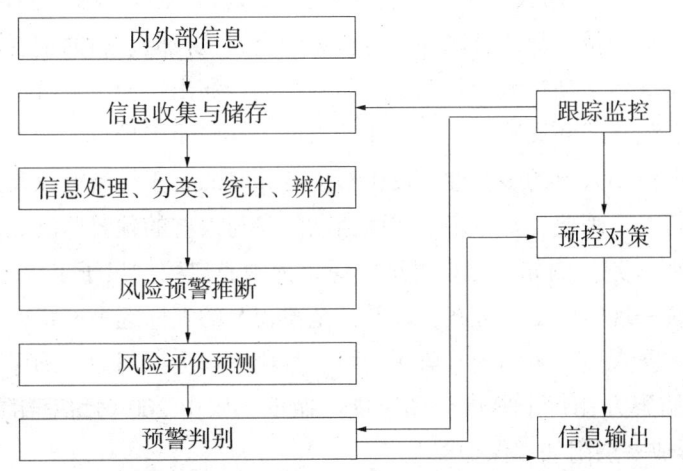

图 7-1　风险预警管理结构图

二、体育场馆风险预警管理的主客体

体育场馆风险预警管理的目标在于体育场馆经营活动组织者以最小的成本预先防范与控制各类导致突发事件的诱因，预防和减少突发事件带来的损失，保障体育场馆内各项活动的顺利进行。预警管理的主体为体育场馆运营活动的组织者，具体来说是负责突发事件处理的安保部门。其管理客体是提供各类产品或服务过程中潜在的各种突发事件。因此，预警管理活动的主要内容在于组织者如何分析识别导致突发事件的潜在诱因，并对其进行监测、控制的管理行为。

三、体育场馆风险预警监测

监测过程要求把重要致灾因素确立为监测对象，并对其进行全程监控。预警管理监测的内容包括对参与人员、体育场馆以及环境的监测。

(一) 参与人员监测

体育场馆是人群比较集中的区域，尤其是大型文体活动，其具有参与人群规模大、活动层面多以及国内国际影响大的特点。一般国际性体育比赛每天参与人群规模在2万~3万，而大型国际体育比赛日均人群规模达到50万~60万。这些参加者中除了运动员、教练员以外，还包括观众、拉拉队、新闻记者和部分政府官员等。大型文体活动一般涉及四个层面的活动：演出层面、节日层面、仪式层面（开幕式、闭幕式和颁奖仪式）和比赛层面。这些原因导致大型文体活动突发事件具有参与活动人员的多元性、发生情境变异时的难于控制性以及处理过程的艰难性三大特点。因此，对在多个层面活动的参与人群的预警监测是突发事件预警管理的首要任务。例如，北京奥运安保指挥中心启用"尺子工程"，即奥运场馆安保工作统一规范的工作方案，以及"全覆盖"的安保巡查网络，构成了一张严实的保障涉赛人员安全的预警监测网络。雅典奥运会期间为了确保对可疑人员的监测，希腊警方在每个奥运会场馆周围撒下一张由200名警官组成的"密探网"，从而形成一层附加"保护罩"。

(二) 场馆监测

场馆监测包括场馆本体设施系统和场馆配套的硬件设施系统的监测。从场馆建设安全到赛事过程中突发事件情境下的疏散通道与避难所的安全都是场馆监测的内容。例如，北京奥运会吸取雅典奥运会车臣恐怖分子在场馆建成前在水泥里预埋炸弹的教训，对进入奥运场馆施工的每一个人、每一车土都有人专门负责监控。高科技的安保技术设施建设与场馆建设同时进行、同步验收，从场馆建成之日，各种安保设施就能同步使用。美国第28届超级碗杯足球赛休斯敦RELIANT体育场通过在体育场外设置空气传感装置，探测化学或生物武器；联邦特工在体育场周围设置数百台摄像机；30条炸弹探测警犬随时搜查整个体育场区等措施进行体育场外监控。这些措施有力地保障了大型体育赛事的场馆安全。

(三) 环境监测

环境监测包括对所在城市的自然环境、交通状况、社会治安和公共卫生状况的监测。以交通运输安全为例，交通管理对于大型文体活动的顺利进行至关重要，运输的延误就会带来其他后续问题，如拥挤、人群管理等问题，需要迅速、有效地加以解决。

四、体育场馆突发事件预警识别和诊断

识别过程的任务是判断哪个赛事活动的环节正在变异，即现实的事故诱因。通过对重要致灾因素监测信息的分析，预警管理系统可以识别体育场馆运营活动中可能发生的突发事件的主要诱因或致错因素。识别的另一任务是活动中的某个（或几个）环节已发生的异变所可能导致的连锁反应，即导致突发事件的动态发展趋势。例如，在球场突发事件中，通过对所有涉赛人员的监测，首先必须识别是球迷环节、裁判员环节，还是运动员与保安环节在发生异变。其次，锁定异变环节以后，要继续对球场事态进行动态跟踪监测，判断球迷的狂热行为有无与场馆安保发生冲突或者引发其他安全事件，如火灾、踩踏事故。

诊断过程是对已被识别的体育场馆现实致错诱因进行综合分析，以明确哪个致错因素（现象）是主要的突发事件源。例如，在大型体育赛事中，诊断的主要任务是在致错环境中的诸多问题与现象，提出危险性最高、危害程度最严重的主要因素，并对其进行成因分析和损失评价（包括赛事组织单位的损失和由此导致的社会损害）。

五、体育场馆风险预控实施过程

（一）组织准备

组织准备是指为开展预警管理活动的组织保障活动。它包括对突发事件对策的制订与实施，以及制订相应的制度、规章、标准。例如，北京从申奥成功就开始以北京市公安局为基础开展了奥运安保工作组织的筹备。政府和奥运安保部门建立了国家、赛区、场馆三个层级的指挥机制，明确了每个层级的职责任务，确保筹备及赛时指挥顺畅、高效。

（二）日常监测

日常监测是指对预警分析活动所确定的突发事件诱因进行专门监控的管理活动。日常监测有两大任务，一是日常对策，二是危机模拟。日常对策，即对历史同质突发事件的预防与纠正活动，并使活动恢复到正常状态；危机模拟，是在日常对策活动中发现突发事件现象难以有效控制，对有可能陷入更大灾害的危机状态的假

设与模拟活动，以此提出对策方案，为未来一旦进入危机状态做好对策准备。

（三）危机管理

危机管理是指突发事件预控失败后，必须采取的一种特别紧急状况下的应急管理方式。

由于在体育场馆活动的参与人群规模大，一旦突发事件预控失败很容易演化成重大公共突发事件。因此，在危机进入紧急状态以后，由安保指挥中心紧急启动预警管理系统的危机应对机制，及时控制事态的蔓延。危机应对包括危机计划、危机领导、紧急应对、危机恢复等。危机克服之后，预警管理系统应及时制定或调整计划，重新展开日常预警活动，使各项工作秩序恢复到正常状态，并积极总结经验教训，做出相应的改进，以增强预警系统对同质危机的免疫功能，预防危机的再次发生。

思考题

1. 体育场馆风险特点及因素有哪些？
2. 体育场馆风险管理的内容有哪些？
3. 简述体育场馆预警管理的流程。

[案例6]

体育场馆风险预警应急预案

应急预案是危机管理的指导性文件。以下为体育场馆举办大型赛事或活动时的消防应急预案。

1. 危险源辨识的范围

·常规活动（如正常的服务活动）和非常规活动（如设备设施的检修）。

·所有进入工作场所的人员（包括外包方）的活动。

·工作场所的基础设施、设备和材料，无论是公司自身的还是外部提供的。

·人的行为、能力和他人的因素。

·虽属工作场所之外，但对公司员工的健康与安全产生有害影响的已识别的危险。

·公司的活动、服务、设备设施以及管理体系修改的变化。

·工作区域、过程、安装、机械/设备、运行程序和工作组织的设计。

2. 危险辨识的因素

危险辨识按作业活动顺序进行，并应考虑其危险源所处的状态和时态，即正常状态、异常状态和紧急状态；过去时态、现在时态和将来时态。危险辨识时还应考虑如下因素。

· 职业健康安全法规或其他要求。

· 以往发生事件和事故的记录，类似组织已发生的事件和事故的信息。

· 与员工和相关方沟通的结果。

· 员工职业健康安全评审活动的信息。

3. 危险源的来源

（1）管理：安全技术、操作规程、人员技能培训。

（2）素质：人员素质、操作人员意识。

（3）工作现场作业环境与设施，包括

· 舞台搭设与拆除；

· 声像设备吊装与拆卸；

· 起重设备吊装；

· 机械作业（焊接作业等）；

· 化学危险品使用和存放（天然气、氧气瓶）；

· 相关方进入工作现场；

· 功能房和仓库；

· 特种设备设施（锅炉房、电梯）。

（4）职业卫生：食堂、操作场所。

（5）消防、防腐、临时用电。

（6）潜在事故和紧急情况：台风、暴雨、洪灾等自然灾害，踩踏、大型吊装物或吊装设备倾倒、构筑物坍塌等施工作业事故，火灾、爆炸、化学危险品泄漏等意外情况。

4. 危险辨识、评估实施步骤

（1）列危险源清单。各部门对相关过程和服务活动中的危险源进行辨识，填写"危险源辨识调查表"并汇总。

（2）对所辨识危险源进行风险评估。风险评估的方法采用直接法和LEC法。

直接法：能导致重大职业健康安全事故发生、违反法规和其他要求、相关方提出强烈投诉、受到主管部门警告等可直接确定为重大风险。

LEC法：定量计算每一种危险源所带来的风险。

D = L·E·C

其中：D——风险值；L——发生事故的可能性大小；E——暴露于危险环境的频繁程度；C——发生事故产生的后果。

LEC 的取值见表 7-2、表 7-3、表 7-4。

表 7-2　发生事故的可能性（L 赋值）表

分数值	事故发生的可能性	分数值	事故发生的可能性	分数值	事故发生的可能性
10	完全可以预料	1	可能性小，完全意外	0.2	极不可能
6	相当可能	0.5	很不可能，可以设想	0.1	实际不可能
3	可能，但不经常				

表 7-3　暴露于危险环境的频繁程度（E 赋值）表

分数值	频繁程度	分数值	频繁程度	分数值	频繁程度
10	连续暴露	3	每周一次，或偶尔暴露	1	每年几次暴露
6	每天工作时间内暴露	2	每月一次暴露	0.5	非常罕见地暴露

表 7-4　发生事故产生的后果（C 赋值表）

分数值	后果	分数值	后果	分数值	后果
100	大灾难，许多人死亡	15	非常严重，一人死亡	3	重大，致残
40	灾难，数人死亡	7	严重，重伤	1	引人注目，不利于基本的安全卫生要求

表 7-5　风险等级划分表

D 值	风险等级	D 值	风险等级
>320	Ⅴ. 极其危险，不能继续作业	160~320	Ⅳ. 高度危险，需立即整改
70~160	Ⅲ. 显著危险，需整改	20~70	Ⅱ. 一般危险，需要注意
<20	Ⅰ. 稍有危险，可以接受		

（3）公司确定，当风险等级为Ⅴ、Ⅳ（即 D 值大于 160 分以上）的为重大危险源。重大危险源应填入《重大危险源清单》中，报管理者代表审批。

5. 风险控制策划

（1）对于评价出的重大危险源，由场馆部策划控制方式，一般情况下通过程序文件和作业指导书对重大危险源加以控制；当纳入目标管理的重大危险源需要采取专门的措施进行控制时，应编制管理方案。

（2）公司在确定降低风险控制措施时应按照下列顺序进行考虑。

·如果可能，完全消除危险源或风险，如用安全品取代危险品。

·如果不可能消除，应努力降低风险，采用替代的方式，如使用低压电器。

·工程控制，如考虑人体工效学，利于技术进步，改善控制措施等。

·标识、警告或行政控制。

·使用个人防护用品。

6. 危险源、重大危险源的更新

（1）当职业健康安全法律、法规及其他要求发生变化，以及由于业务发展、服务范围扩大、设备设施更新、相关方的要求、员工健康发生变化等因素的影响，造成危险源发生较大变化时，应组织及时重新识别、评估与之相关的危险源及重大危险源。

（2）根据相关标准可以对危险源的评估方法进行必要的修订。

（3）每年组织开展一次危险源变更情况的评审与评估，剔除已不存在的危险源，对新产生的危险源进行补充。

[案例分析提示]

体育场馆风险预警应急预案的主要内容是什么？体育场馆风险评估的方法有哪些？

第八章　体育场馆企业文化建设

[内容提要]

　　本章主要介绍体育场馆企业文化建设的基本知识。学生通过学习，能够了解体育场馆企业文化的构成、特点和功能；掌握体育场馆企业文化培育的方法和途径；在此基础上，学习体育场馆人力资源建设的文化取向。

　　经济全球化时代，企业之间的竞争发生了根本的变化，传统意义上的物质和技术的竞争逐渐让位于文化的竞争，优秀的企业文化成为引领企业未来发展的灵魂。体育场馆企业文化概念的提出，正是基于这一客观事实，将体育场馆的日常管理置于企业文化的层面，符合了现代体育场馆市场化管理的发展趋势。体育场馆企业文化建设的核心是要形成体育场馆经营管理的价值观，关键是开发每个成员的潜力，激发场馆人员的共同价值观，使成员意愿与体育场馆意愿相统一，充分发挥体育场馆经营管理人员的作用。人们可以通过加强体育场馆的企业文化建设，促使体育场馆在管理体制、指导思想、经营战略、管理方式等方面发生全新的变革，从而使其不断增强自身的市场竞争力。

第一节 体育场馆企业文化构成及功能

体育场馆企业文化建设是体育场馆经营管理实践不断积累和形成的价值理念、思维方式及管理机制的总和，体育场馆企业文化在很大程度上影响着场馆日常管理工作的发展方向。它是体育场馆的灵魂，是场馆日常管理不断改善和提高的不竭动力。

一、体育场馆企业文化概念

（一）企业文化

企业文化也被称为"公司文化"或"组织文化"，它作为一种亚文化现象，是随着企业的产生和发展而产生的，历经了科学管理阶段、行为科学管理阶段和管理理论丛林阶段，而后在世界各国兴起，是现代企业管理科学逻辑发展的必然结果。

关于对企业文化的理解，目前有许多种观点。美国学者泰伦斯·狄尔和艾伦·肯尼迪在《企业文化》中指出，"企业文化由价值观、神话、英雄和象征凝聚而成，这些价值观、神话、英雄和象征对公司的员工具有重大的意义。"另外一种观点认为，"企业文化是指企业在建设和发展中所形成的物质文明和精神文明的总和，包括企业管理中硬件与软件、外显文化与隐形文化（或表层文化和深层文化）两部分"。中国学者黄锡明等提出，"（企业文化）是指企业全体员工在长期的生产经营活动中培育形成并共同遵循的最高目标、价值标准、基本信念及行为规范。它是一种管理文化、经济文化及微观组织文化"。陈汉湘认为，"所谓企业文化，是指企业在实现企业目标的过程中形成和建立起来的，由企业内部全体成员共同认可和遵守的价值观念、道德标准、企业哲学、行为规范、经营理念、管理方式、规章制度等的总和，以人的全面发展为最终目标。其核心是企业精神和企业价值观"。

（二）体育场馆企业文化

现代体育场馆除了一部分承担了较多公益性事务外，本身就是一个经营实体。不论哪种类型的体育场馆，能否汲取和运用先进的企业管理知识，决定了自身未来发展的空间及其在市场上的地位。因此，在现阶段提出体育场馆企业文化的概念，符合了当前体育场馆建设和管理的需要。

当代国内外体育场馆在建设企业文化的实践中已有多年的发展历程，许多大型的体育场馆都形成了自己独特的企业文化。早在1984年，诺坎普球场就建有巴塞罗那俱乐部博物馆，并相继成立博物馆艺术基金会。在伦敦温布利体育场里面，陈列墙上的一幅幅老照片向人们展示了自身的悠久历史，它配合6分钟的宣传片，尽管没有一句解说词，但那些经典的比赛瞬间向每一个参观者传递了体育场独具的文化魅力。而美国的洛杉矶湖人队主场——史泰博体育中心进行的设计和包装，更是被人们称为"世界体育娱乐中心"，成为竞技体育市场化的典型象征。2008年北京奥运会的标志性场馆"鸟巢"和"水立方"更是"人文奥运"的杰作，成为奥林匹克文化与中华文明交融的载体和表现，是中西方文化在体育场馆建设中的代表作。

由上述分析可以看出，体育场馆企业文化有着自身的要素和内容。美国学者伯尼·帕克豪斯在《体育管理学——基础与应用》中提出，"运动场馆要想成为成功的全套的综合娱乐设施，它必须制定管理任务、管理理念、目的与目标、管理程序和管理政策，并建立详细的完成任务的目的和目标。"查尔斯·布彻尔和马奇·克洛迪在《体育运动管理》中指出，"设施管理不仅包括有效的安排、运行、维修设施，而且也包括更新的运营机制以满足人们参与体育运动的要求。"中国学者韩开成等人提出了大型体育场馆管理文化创新的主要内容，即"物质文化创新""制度文化创新"和"精神文化创新"三个方面。

在此，所谓体育场馆企业文化，就是指体育场馆在管理和运营过程中形成的核心规则，是组织成员共同遵守和推崇的理念、行为方式和价值观。诸如体育场馆的设计、无形资产的运营、产品（服务）的开发等，都在不同程度上反映着和体现着体育场馆的企业文化。体育场馆企业文化存在的价值在于它可以有效解决体育场馆经营中存在的现实问题，通过规范组织成员的行为来实现。

二、体育场馆企业文化的构成

单就企业文化而言，人们习惯按照层次由高到低将其组成分为精神文化部分、制度文化部分和物化部分。体育场馆企业文化也不例外，但同时由于其自身输出产品和服务的特殊性，在此将其细分为物质文化、行为文化、制度文化和精神文化四个组成部分。

(一) 物质文化

提及体育场馆的经营管理，总有许多话题可以让人们侃侃而谈，比如实行会员制、量身打造的以人为本的周到服务等。但任何一种氛围的营造，或者营销方式的设计，都离不开一个载体——物质实体与手段。物质文化属于体育场馆企业文化中的表层文化。就体育场馆而言，其物质文化就是指场馆及其附属的一切设施，小到一个座椅、一个标牌，大到整座体育馆的建筑物，都属于这一范畴。

体育场馆的物质文化主要包括建筑物、设备设施、场馆标识等。其中，相关的体育设施是体育场馆向社会、顾客提供服务的最为直接的媒介，不论是以观赏为主的赛事类产品，还是以体验为主的运动健身类产品，都需要通过体育设施来实现其服务，体育设施的设计、安装和摆放，均属于体现体育场馆企业文化理念的产品，不仅具有一定的使用价值，还具有文化价值。

(二) 行为文化

同物质文化一样，行为文化也属于体育场馆企业文化中的浅层文化。

行为文化是体育场馆在运营中产生的，以人的行为为表现形态的活动文化，它是企业经营作风、精神面貌、人际关系的动态体现，也是企业精神、企业价值观的折射。最终通过动态形式反映和体现出体育场馆的企业精神和企业的价值观。

构成体育场馆行为文化的内容有很多，比如场馆负责人的行为、场馆员工个人和整体的行为、场馆的整体风格等。更为具体的体育场馆行为文化的信息获取，可以通过如场馆内部人际关系是否融洽、对客户服务是否周到热情等方面进行观察。

(三) 制度文化

就企业文化的层次性而言，制度文化仅次于精神文化，从某种意义上来看，制度文化具有一定的物质与精神的中介性。从内容上来看，体育场馆的制度文化包括场馆的领导体制、组织机构和管理制度三个主要方面。

体育场馆制度文化的建设以场馆运营目标为指导，对员工行为进行约束和限制。其中，领导体制是核心，它既决定了组织机构如何构建，也决定了管理制度的具体内容。比如，场馆所有制的不同，会直接影响场馆的管理体制。同时，制度文化除了具有强制性外，在设计的时候还要充分考虑其可操作性。这是因为，要使任何一项制度发挥其作用，能否得到有效执行是一个最为重要的前提条件。对体育场馆来说，那些与企业目标相一致，如能促使员工积极响应客户需求、主动热情而不是傲慢懈怠地提供服务的行为，就必须标准化成制度，坚持执行，直到成为工作中的一部分。

（四）精神文化

精神文化是企业在长期的生产经营过程中，受企业内外部环境的影响，所形成的精神成果和文化观念，是企业文化的核心部分。

体育场馆的精神文化是场馆自身物质文化、行为文化和制度文化的升华，是体育场馆在长期的经营过程中所形成和遵循的基本信念和行为准则。通过体育场馆精神文化的提炼，可以帮助管理者和普通员工更加清楚地认识场馆存在的价值，如何对待顾客、政府和相关利益群体。建立起科学合理的精神文化体系，可以使体育场馆更好地为社会服务。

三、体育场馆企业文化建设的功能

培育独具特色的体育场馆企业文化是企业自身健康发展的需要，也是时代发展的要求。在全球化的今天，文化促进社会发展的作用越来越受到人们的重视。体育场馆企业文化代表了组织成员所持有的共同的价值观和信念，这些价值观和信念以其独特的魅力深深影响着组织成员的行为。因此，企业文化的功能也就体现在不断调适场馆进行内部管理以及与外部环境的交流互动的过程之中，促使员工潜能的发挥，增强团队合力，提高体育场馆的社会效益和经济效益。

（一）凝聚集体合力

体育场馆企业文化是在长期的生产经营过程中凝炼出来的，它所反映的经营哲学、经营理念和价值观，对企业和员工的价值观和行为取向有着重要的引导作用。企业文化反映的是体育场馆经营的共同价值观、共同追求和共同的利益，这就形成了一种明确的企业导向，能够把企业员工引导到企业所确定的特定目标的方向上来，使场馆上下能够统一思想，促使员工的个体思想、观念、追求和目标与企业所要求的特定目标一致，并为之努力奋斗。

(二) 规范内部行为

企业文化通过正式的规章制度，或者非正式的价值标准，能够控制、约束、规范企业和员工行为。在这里，一方面体育场馆以制度文化作为硬性的标准，强制要求企业和员工"照章办事"，从总体上保障场馆的正常经营和运转；另一方面，作为企业文化核心部分的精神文化，则通过大家公认的价值观和行为准则，不断强化员工的道德观念、整体观念、纪律观念，在潜移默化中规范企业和员工的行为。

(三) 激励员工士气

一种优秀的企业文化，不但能够使全体工作人员对企业使命有着清晰的认识，还能最大限度地激励员工的工作热情，增强信心，奋发向上。在体育场馆营造良好的企业文化，可以让每一位员工都以主人翁的姿态关心场馆的发展，贡献自己的聪明才智，而企业文化具有的这种启发、诱导，刺激人们潜在的热情、干劲、能力和智慧的功能，更是体育场馆不断焕发出活力的源泉，使员工士气长期保持最佳状态。

(四) 传递场馆信息

在进行内部管理的同时，企业文化还具有向外扩散和传播的功能。体育场馆不是一个孤立的存在，特别是面对体育场馆经营复杂化、多样化的问题，更加需要建立起一种有效与外部环境进行沟通的企业文化，通过场馆品牌的塑造、知名度和美誉度的提高，来增强自身的市场竞争力。同时，也促进了行业内外部信息交流，能起到互相学习和借鉴作用，推动自身企业文化建设和发展，对整个社会文化的发展也有积极影响。

第二节　体育场馆企业文化培育

体育场馆企业文化是一个有层次的体系，它的培育过程是一个系统工程，一般包括场馆文化的设计、建设和创新等环节。通过体育场馆企业文化的培育，可以有效地促进场馆员工形成共同的理念信仰、价值观念和行为准则，在高度整合体育场馆软硬件资源的同时，打造出一个由外在行为表现、管理风格、管理制度等所组成的完整体系。

一、体育场馆企业文化培育的总体方法

（一）体育场馆内外部环境的调研

体育场馆要想形成具有本场馆特色的企业文化，就必须对自身的内外部环境进行深入的调查了解，要对场馆的历史、现状、行业发展趋势作出准确的判断和总结，对制约和影响体育场馆发展的各种因素进行评估。调研的目的在于掌握企业文化的现状和外部的需求，并为今后的文化定位收集尽可能全面的信息。

一般来说，首先明确体育场馆的性质和经营的主要内容。不同所有制的体育场馆有着不同的经济责任和社会责任，各自的经营范围也有很大的区别，在塑造企业文化上也有不同的诉求。其次，要对体育场馆的人力资源情况进行了解，否则，会影响到文化风格的确定。比如文化程度、年龄组成、性别结构的具体情况，都会影响到文化风格的确定。最后，要对体育场馆的外部环境进行审视。这主要包括两方面，一是宏观的外部环境，如国家、地区的政策法规、经济运行条件、社会文化氛围等；二是自身所处的行业特点，就体育场馆来说，服务性是它的一个"标签"，因此，提供优质周到的服务就是其文化建设的一个重要努力方向。除此之外，还必须重视对体育场馆原有文化基础的总结和提炼，不了解自身的过去，就无法预测未来。

（二）体育场馆企业文化目标的确定

在内外部环境调研的基础上，可以着手体育场馆企业文化目标的确定。这一阶段可以简要概括为，通过文字描述或制度建设，将拟推广的本场馆的核心价值观表述出来，并通过各种形式将其不断为员工所接受的过程。

在这一阶段中，必须明确一个基本事实，那就是每一个体育场馆都应该结合自身的特点，确立起清晰的目标，体育场馆的全体工作人员都能够认可这一目标，并在其指引下，找到并实现自身的价值。因而，体育场馆企业文化目标的确定除了要根据场馆的实际情况，更要在设计时就充分考虑多数工作人员的意愿，切忌将基层员工排除在外。让员工参与文化目标的设计，是保证体育场馆企业文

化科学性和可操作性的重要保障。同时，体育场馆企业文化目标的确定还必须满足对卓越产品的追求、对核心价值观的高度认同、对创造和谐工作环境的追求等基本要求。

（三）体育场馆企业文化的实施与完善

体育场馆企业文化是一种价值观的导向和精神层面的推动力，必须在日常经营管理中不断践行才能实现其功能作用。因此，在体育场馆企业文化目标确定后，要积极创造出有利于文化推广的条件，并采取必要的措施来强化场馆员工对其认同度，使体育场馆企业文化在日常管理之间扎根，并日趋巩固。

一般来说，物质文化、行为文化、制度文化和精神文化是体育场馆企业文化建设的主要内容。这也决定了在实施过程中，要紧密围绕这四个方面来创造实施的良好氛围。同时，还必须注意到对体育场馆企业文化的维护和完善。体育场馆企业文化固然有其稳定性的特点，但并不意味着它是一成不变的。由于内外部环境的不断改变，体育场馆企业文化必然要进行相应的调适和完善。因此，要紧密结合实践的发展，用与时俱进的态度来分析时代发展所带来的新问题，及时吸收外部的先进因素，调整内部的消极因素，以更好地适应体育场馆日常管理及发展的需要。

二、体育场馆企业文化培育的途径

体育场馆企业文化包括物质文化、行为文化、制度文化和精神文化，其中，物质文化是整个文化体系中的基础载体，是大众对体育场馆第一印象的直接源泉，精神文化是文化体系的核心价值观及核心内容，制度文化是建设体育场馆文化的有力手段，行为文化是文化建设成果的展现。

（一）制定体育场馆企业文化建设战略规划

企业文化的培育不是一蹴而就的，是需要花费较多的人力、物力、财力和很长时间的积累得以形成的。因此，体育场馆企业文化的培育首先需要建立起一套基础化、程序化、科学化的企业文化建设系统，从物质文化、行为文化、制度文化、精神文化四个方面整体推进、系统运作，构建一个切合实际的、科学合理的、便于操作的企业文化建设规划体系，并把规划纳入企业发展战略，成为企业整体规划的一部分。

(二) 培育体育场馆物质文化,构建体育场馆独具特色的企业识别系统

包括理念识别 MI (Mind Identity)、行为识别 BI (Behavior Identity)、视觉识别 VI (Visual Identity) 三大识别系统的 CIS (Corporate Identity System) 战略体系,广为国际企业所普遍采用。构建体育场馆企业文化必须按照 CIS 整体设计的基本系统和应用系统标准,统一场馆标志、歌曲、徽章、色彩等多种企业标识;规范场馆建筑风格、建筑色调,规范场馆及场馆各部门简称,场馆用车车体外表、办公设备、办公器具、员工着装款式、色调、宣传标牌、广告牌的装置规格和设置区位等都按照统一标识进行规范。

(三) 培育体育场馆行为文化,确定并推广职工行为养成现代企业 6S 管理标准

6S 是由日本企业的 5S 拓展而来,是现代企业行之有效的现场管理理念和方法。6S 就是整理 (SEIRI)、整顿 (SEITON)、清扫 (SEISO)、清洁 (SEIKETSU)、素养 (SHITSUKE)、安全 (SECURITY) 六个项目,因为这 6 个词日语中罗马拼音的第一个字母都是"S",所以简称 6S。其作用是:提高效率,保证质量,使工作环境整洁有序,预防为主,保证安全。6S 的本质是一种具有执行力的企业文化,强调纪律性的文化,不怕困难,想到做到,做到做好。作为基础性的 6S 工作落实,能为其他管理活动提供优质的管理平台。强化员工职业化训练,培养职工职业美德,普遍提高职工文明程度,通过典型事件提升体育场馆文化品位,使职工的举手投足成为体育场馆活动的文化标识。

(四) 培育体育场馆制度文化,在"以人为本"原则下,形成特色鲜明的"管理文化"

企业文化,其实质是"人"的文化。企业文化建设以提高人的素质为根本出发点,而人的行为需要制度的约束,因此,需要建立健全企业文化建设领导体制,成立相应的企业文化建设领导机构,明确负责人、主管部门及工作人员。企业文化的领导体制要与现代企业制度和法人治理结构相结合,形成企业文化主管部门负责实施、各职能部门分工落实的工作体系。组建推进企业文化建设的组织机构。强有力的组织机构可为企业文化建设的系统性运作提供组织保障,也为企业文化建设扎实有效地稳步推进奠定基础。

（五）培育体育场馆精神文化，挖掘企业精神内涵，总结提炼企业价值观

对体育场馆企业精神、企业价值观、企业哲学、管理信念、企业用人之道以及企业内部的主导标语口号和企业对外宣传用语的确定和宣传贯彻落实，使之成为规范企业和员工行为的信念和准则。可以设计企业员工精神文化审计制度，定期对员工日常工作行为及态度进行文化审计，并可编制各职能部门员工《文化手册》，人手一本，定期组织集体培训和学习，搞好精神文化的宣传工作，力争全体员工对企业价值观能够认可，促进企业向心力、凝聚力进一步增强，把文化动力作为体育场馆日常管理的重要动力来源。

第三节 体育场馆人力资源建设

在知识经济时代，随着现代生产方式的改变，人力资源成为现代企业成功的关键因素，其贡献程度远远高于其他资源。对于这一点，美国经济学家舒尔茨就曾指出，"人类的未来不是预先由空间、能源和耕地所决定，而是由人类的知识发展来决定的。"人力资源被广大的管理者视为形成核心竞争力的重要手段。在今天，体育场馆的文化建设与该馆人力资源建设密切相关，两者相互影响，使体育场馆的经济效益与员工管理得以平衡和谐发展，共同为体育场馆的经营提供支持。

一、体育场馆人力资源开发中的专业需求

一般来讲，人力资源开发主要集中在员工的专业技能、文化素养与核心价值观三个方面。其中，专业技能位于开发的最低层次，属于必要条件，而文化素养与核心价值观是较高层次的开发内容，经常与企业的市场定位、形象设计等内容相关。

体育场馆人力资源可以划分为管理类、专业技术类和普通服务类三种基本类别。针对不同工作岗位的性质，所要求具备的专业需求也有着很大的区别。

管理类的人力资源，一般包括高级管理人员和普通管理人员。他们是体育场馆日常管理的领导力量，其能力与管理水平的优劣直接关系到体育场馆的存亡，是当前比较缺乏的一类人才。长期以来，由于场馆管理人员主要由退役运动员以

及设备维护人员构成，缺少通体育、懂经营、善管理的专业人才，使得场馆日常管理水平不高。由于管理类人才的特殊作用和地位，相应的专业需求也较高，不但要具有一般的场馆管理知识，还要对体育有着深刻的理解和实践应用能力，从而能够在体育场馆的运营中突破常规创造新的经营模式、盈利模式或者管理模式。

专业技术类的人力资源，不同于一般的服务人员，主要包括专业的运动项目的教练、培训和指导人员，以及场地维护等专业人员。除了以承办大型赛事为核心业务的大型体育场馆外，更多中小型体育场馆更加需要这种富有专业精神的技术类人员，因此，拥有相应的专业技能、知识，是这类人员最需要的职业条件。特别是对于那些提供专业技术人员指导的场馆，良好的外在形象、优秀的专业知识、丰富的指导经验和亲和力，既是这些专业技术人员的核心竞争力，也是体育场馆得以在市场竞争中生存的法宝。

普通服务类的人力资源，是体育场馆中较为常见的一类工作人员，一般包括引导员、服务员、收银员、清洁工等岗位。对这类人员的专业需求比较简单，通常是要求对自身岗位职责有明确的认识，在服务过程中具有基本的礼节规范，有较强的服务意识和良好的服务态度。由于体育场馆在经营中具有极强的服务特性，因此，这类人员的服务质量更加容易影响到顾客对场馆的整体印象，所以需要对其进行统一规范，不能因为职位的高低，而放松对其要求。

二、体育场馆人力资源管理

(一) 人力资源规划

人力资源规划是体育场馆人力资源管理的起点，是在现有人力资源评价的基础上，对未来人力资源需求进行预测，并根据体育场馆岗位设置进行人力资源规划的一种管理方式和过程。其目的在于通过合理科学的人力资源管理方式使体育场馆获得最有效的人力资源配置，从而保证未来一段时期体育场馆运营发展中所需要的一切人力保障。

此项工作主要包括三个方面，一是对现有人力资源的评价。主要是了解是否存在岗位空缺，同时还包括当场馆扩大经营规模或调整发展战略时，有可能产生的新的岗位需求变化。二是对未来所需人力资源进行预测。一般是通过制定体育场馆当前岗位编制、预测未来可能变化，来确定需要多少人员、何种资质的人员来补充岗位空缺。三是将前面两个方面的工作汇总，并最终制定出体育场馆人力资源需求的方案规划。但由于体育场馆提供产品的特殊性，因此在人力资源规划中，不仅仅要考虑基本岗位的设置，还要考虑某些特殊岗位的编外人员的使用。

（二）人力资源招聘

招聘是体育场馆人力资源规划的实施阶段，是体育场馆根据自身发展需要，通过制定标准、发布信息，选取体育场馆发展所需人才的过程。其流程一般包括以下几个步骤。第一，制定招聘计划。招聘计划制定以人力资源规划为主要依据，要明确招聘的岗位、人数和招聘标准。第二，发布招聘信息。主要是进行招聘信息的发布，重点是选择合适的信息发布渠道，让更多的优秀人才获取这一信息，从而保证能够汇集足够的、符合条件的优秀人才。第三，初审报名材料。这是面试前的一项重要工作，通过对报名材料的初审，进行初步的人才甄别，将不符合要求的报名者剔除，从而提高面试的成功率，节约不必要的人力资源成本。第四，举行面试。这里的面试只是一个称谓，还包括必要的笔试和特殊岗位的技能测试，可以根据需要安排几轮进行。其目的是通过面对面的交流与考核，充分了解应聘者的素质、专业技能、工作理念，选拔出体育场馆需要的人员。第五，录用。为应聘成功人员办理相应的一切入职手续，如发放录用通知、签订相关协议、介绍企业情况等。

（三）人力资源开发

人力资源作为一种可以不断开发的再生资源，可以通过相应的培训来为组织成员提供新的技能，从而使其不断适应市场的变化和挑战。因此，人力资源开发在体育场馆的运营中同样占有重要的地位，其实质就是职业培训和员工的再教育。

体育场馆提供的职业培训尤为关键，这是因为体育市场作为一个朝阳产业，自身的发展和变化都非常的迅猛，需要通过完善的职前培训和持续不断的在职培训，使员工职业素质得到提高，从而使体育场馆更加具有竞争力和优势。

职业培训的一个重要出发点是不断强化员工技能，提升服务质量，从而有利于组织目标的实现。但在现实中，它还有另一个功能，就是完善员工的职业规划，为其个人的发展提供支持，是实现体育场馆与员工双赢的重要途径。

（四）绩效考核

绩效考核是人力资源管理的重要一环，与招聘相比，这是一项基础性和常规性工作。绩效、考核的目的是反映出员工对体育场馆的贡献，并以此作为衡量员工业务水平与工作能力的重要标准，是确定员工薪酬福利、职务晋升的主要依据。同时，绩效考核也是帮助员工认识自身工作状态的一个重要信息反馈渠道。

由于绩效考核的重要性，关系到每个员工的切身利益，因此，绩效考核是否科学合理，能否反映员工的真实工作状态就至关重要。一般将客观、公开、公平、公正、科学作为衡量绩效考核的基本原则。

绩效考核主要涉及的问题有，谁来考核、如何考核、时间周期等。从程序上来看，首先需要根据体育场馆的岗位设置，设计出不同岗位的绩效考核标准，这种标准应该具有一定的挑战性，但还需具有经过员工适当努力就能达到的特性。其次，要明确绩效考核的周期，一般1年为一个总评期，中间还有季评和月评，个别的也有以1个星期作为绩效考核单位的。考核的方法有很多，如工作业绩、书面报告、关键事件等，具体可根据体育场馆的规模、岗位灵活使用。

(五) 体育场馆人力资源开发的几种方式

通过科学合理的人力资源开发与管理，可以实现人力资源使用价值的最大化，这不仅有利于营造企业文化，也是体育场馆人力资源开发的主要目标。为了发挥出员工最大的工作积极性，可采取以下途径。

1. 树立榜样人物

榜样人物，也被称为英雄人物。在业已形成一定文化的企业中，总是有一些人备受同事尊重和推崇，企业的核心价值观在他们身上都能得到集中的体现。于是，这样的员工也自然成为身边同僚们学习的榜样和效仿的对象。比如，"耐克公司（Nike）的管理者意识到关于公司的历史故事有助于塑造公司的将来。一旦有机会，公司的'故事家'（高级主管）就会解释公司的传统并讲述一些故事来表扬那些完成工作的人。这些故事为员工树立了一流的学习榜样。"

因此，树立和宣传榜样人物也是体育场馆人力资源开发的一种方式。这些榜样人物通过他们的出色成绩、高尚品德和先进事迹等，向其他员工展示了端正的工作态度和明确的努力目标，以一种更为直观的方式传递了企业文化的核心价值观，并藉此激发广大员工的工作积极性和主动性，在企业核心价值观的传承中培养一批批合格的企业员工。

2. 制定组织仪式

组织仪式是一种独特的、能够传递企业文化信息的有效载体，主要包括了各种例行活动，如庆典活动等。这种传统的组织仪式对于员工的行为具有模式化的规范作用，而且对员工的人格完善和道德修养具有良好的促进使用。

体育场馆人力资源在组织仪式方面，有着许多可以开发的内容。比如人员的招聘方式、录用过程、解雇程序、奖励形势等。形成规范的组织仪式，有利于体现、巩固和强化企业的核心价值观，激发员工强化团队意识，树立良好道德规范。

3. 员工个体文化素质开发

人力资源是一个可以量化的概念，可以用更为具体的数量多少、素质优劣进行辅助说明。对于体育场馆而言，一旦确定了核心价值观，就应该在其指引下，按部就班地对员工的个体文化素质进行开发，以达到体育场馆企业文化的目的。

员工个体文化素质的开发，应当从教育程度、文化水平、知识储备、技能熟练程度、道德水准等方面进行综合考虑。在进行开发的过程中，不但要使员工达到目前体育场馆经营的一般要求，还要形成一种自主学习的文化导向，将视线放在企业未来发展的员工素质需要之上。对此，管理人员要不断强化员工身上积极的、有益的元素，使之不断放大，最后形成合力，为体育场馆的发展提供高素质的人力资源。

思考题

1. 请简要概述体育场馆企业文化产生的时代根源与意义。
2. 举例说明体育场馆企业文化的基本构成。
3. 请论述体育场馆企业文化建设的总体方法和具体途径。
4. 如何进行体育场馆人力资源开发中的文化建设？

[案例7]

深圳大运中心文化建设

深圳大运中心是深圳举办2011年第26届世界大学生夏季运动会的主场馆区，包括主体育场、主体育馆和游泳馆，分别承担大运会开幕式、田径、篮球和游泳比赛，也是深圳实施文化立市战略、发展体育产业、推广全民健身的中心区。该中心确立了"以体育为主体，文化、旅游为两翼，市场化、产业化为方向，打造深圳市新的体育、文化、旅游、休闲、娱乐为一体的产业平台和完整的体育经济产业链"的企业使命；树立了"打造国内领先、国际一流的体育、文化、旅游产业集团"的企业远景；实行"服务=专业化+标准化+人性化"的服务理念和"以人为本 创新为魂 诚信共赢"的经营理念，以及"人才是公司的第一资本，德才兼备是我们的用人标准"的人才理念；推广一种"自强、责任、创新、卓越"的企业精神和"你我决定团队、团队成就你我"的团队精神。

深圳大运中心从最高管理层到普通员工都时刻谨记"服务大运、热爱公司、诚信正直、忠于公司、锐意创新、追求卓越、遵章守纪、服从管理、积极主动、尽职尽责、崇尚学习、一专多能"的宣传用语，并将之贯穿落实于体育场馆日常管理工作中。

该中心最具特色的户外拓展训练使公司形成一股强大的凝聚力。在信任背摔、共同进退、高空项目、团队七巧板、穿越电网五个项目的拓展训练中，公司领导和员工们团结在一起，运用集体的智慧，化解了一个又一个难题，凭借团队的支持和鼓励，克服了重重困难，战胜恐惧，挑战潜能。通过体验，不仅增进了彼此之间的了解，同时也体会到在团队中应具备遵守规则、沟通、配合、信任、换位思考等基本素质的重要意义，以此帮助来自四面八方的新员工尽快融入"大运团队"。

（资料来源：深圳市大运中心运营管理有限公司官方网站 http：//www.szuomc、com/index、asp，2011年10月1日）

[案例分析提示]

深圳大运中心文化建设的主要内容是什么？其文化建设的核心内容应该是什么？其产生凝聚力的有效方法是什么？

第九章　体育场馆的建设、维修与改造

[内容提要]

　　体育场馆建设、维修与改造是体育场馆经营管理的前提和基础，体育场馆的建设特别是规划设计对赛后的经营管理具有重要的影响。本章就体育场馆建设的选址、功能设计、现代建筑技术在体育场馆建设中的应用、体育场馆设备器材的维护、体育场馆的更新改造等重点问题进行全面的阐述，为学生今后从事体育场馆的建设管理奠定理论基础。

　　体育场馆建设、维修与改造是其经营管理的基础和前提。体育场馆的功能设计与建设在很大程度上决定了其后期的经营开发与多功能利用。若在体育场馆的规划设计阶段就能够考虑到其赛后和日常的经营，将赛后经营方案与主要经营项目与体育场馆的规划设计结合起来，进行超前的设计，则十分有利于体育场馆在赛后的经营与利用。同时，体育场馆设备器材维护与更新对于体育场馆日常的经营管理具有十分重要的保障作用。因此，体育场馆的规划设计与建设以及设备器材的维护与更新对于其经营十分重要。

第一节 体育场馆的选址与功能设计

体育场馆的选址是指在建设体育场馆之前对其所持的地理位置进行论证和决策的过程。包括两个概念，一是拟建设体育场馆的区域以及区域的环境和应达到的基本要求；二是指具体建设在哪个地点、哪个方位。体育场馆的功能设计主要是指体育场馆在设计过程中应具备的功能，包括功能设计的趋势、功能定位等。

一、体育场馆的选址

体育场馆的选址绝大多数情况下位于城市，城市用地的类型一般有市区、近郊区、远郊区、卫星城等。根据城市规划的有关理论，把距离市中心区界线5公里以外的范围称为远郊区，5公里以内的区域称为近郊区。由此，体育场馆的选址按照位置可划分为城市型、近郊型和远郊型三种。目前，我国新建的体育场馆中绝大多数体育场馆选址位于城市近郊区或远郊区，远离城市中心，仅仅考虑到体育场馆为赛事和运动队训练服务的需要，未能考虑民众健身的需要，不利于体育场馆赛后的利用。

（一）城市型

所谓城市型体育场馆是指位于城市中心区或城市比较发达区域的体育场馆，如北京工人体育中心、长沙新世纪体育中心、湖北洪山体育中心等。城市型体育场馆建设时间一般较早，周边各类设施相对完善，可通达性较强，人流量较大，利用率相对较高。因此，城市型体育场馆可最大限度地满足公众日常生活的需求。但是，城市型体育场馆一般具有用地面积较小、后续发展空间不足、土地使用成本高昂、易阻碍交通等方面的缺陷。如上海虹口体育场周边虽有轻轨、公园等人流疏散设施和空间，但距离城市交通干道太近，缺乏缓冲空间，导致每次举行大型活动时，大量人流直接涌入城市主干道，造成交通拥堵，并存在很大安全隐患。

（二）近郊型

近郊型体育场馆介于城市型和远郊型之间，选址于距离中心城区边界5公里范围内，既可以借用城市中心区已有设施，可通达性相对较强，又有相对充足的发展空间，因此，近郊型体育场馆带动城市发展的作用较为明显。西方国家多选择在近郊区建设体育场馆，如巴塞罗那奥运会主赛场就选择在城市中心区的西南方向，以实现城市面向大海发展的目的。同样，近郊型体育场馆也应考虑建在城市发展方向上，如北京奥林匹克公园内的体育场馆、济南奥体中心等。

随着城市的发展，近郊型体育场馆可能成为城市型体育场馆，因此在规划初期需要考虑体育场馆周边是否具有足够的拓展空间。在满足体育场馆用地需求的同时，需考虑其他功能发展的弹性空间，达到以体育场馆带动城市发展的目的。

（三）远郊型

远郊型体育场馆是指远离城市中心区，选址在城区范围5公里以外的体育场馆。此类体育场馆通常用地条件宽松，土地使用价格相对较低，但周边经济不发达，人流量较小，配套设施不完善，不便于赛后利用和开展多种经营。远郊型体育场馆的建设目的除了有举办大型赛事外，还有带动城市拓展，实现城市由单中心向多中心转变或实现城市跳跃式发展的目的，因此，此类体育场馆一般建在城市发展方向上。如果远郊型体育场馆选址不当，缺乏对城市发展的准确预测，就容易造成体育场馆孤立的局面和"一次性场馆"的现象。

二、影响体育场馆选址的因素

（一）城市发展方向

城市发展方向对近郊型和远郊型体育场馆的选址尤为重要。每个城市都有各自的发展方向和建设重点，不同城市区域的发展潜力亦有很大不同。例如，广州天河体育中心所在地原是一片农田，周围相当荒凉，如今却已经成为新城市轴线上的标志节点之一。又如，上海东亚体育中心虽然最初位于城市郊区，但随着城市的发展，它逐渐融入城市中心区，成为市民健身娱乐的公园，在经营上能够做到略有盈余。因此，体育场馆的选址与城市的发展方向密切相关。

（二）区域经济

城市内不同区域的经济发展水平有较大差异，居住人群的消费能力、教育文化水平也不尽相同。区域经济的发展水平对体育场馆后期的运营有较大影响。国内多数体育场馆选址在经济相对不发达地区建设，期望通过体育场馆带动区域经济的发展；而国外体育场馆一般选址在城市较为发达的地区，尤其是靠近商业繁华区，力求产生共生作用。因此，从体育场馆的后续利用角度出发，体育场馆的选址宜靠近经济比较发达的区域，以提高利用率。

(三) 土地价格

体育场馆一般占地面积较大，为节省建设成本，体育场馆选址宜选择土地价格适中以及具有发展潜力的区位，充分利用体育场馆的集聚效应来带动周边地块和区域的发展，而不是占据城市中土地价值最高的区位。

(四) 交　通

大型活动期间，大量人流的聚集与疏散是体育场馆安保必须考虑的问题；而在没有大型活动期间，为了提高体育场馆的使用效率，必须考虑体育场馆的可通达性与便利性。因此，体育场馆的选址应充分考虑城市的交通规划，可选择在城市交通枢纽的附近。一般而言，体育场馆与城区之间的交通联系越方便，两者之间的距离可以越远，反之则越近。

(五) 体育场馆的功能定位与规模

综合类型的体育场馆与专业类型的体育场馆在城市中的选址是不相同的。一般而言，综合类型的体育场馆宜选择距离城市较近的区位，而专业类型的场馆可选择距离城市较远的区位，因为专业类型的体育场馆服务对象相对单一，其利用方式和目的相对简单。同样，规模大的体育场馆可选择距离城市较远的区位，反之则需选择距离城市较近的区位。

体育场馆的功能定位对于其选址有较大影响。我国体育场馆的功能定位既要承办大型体育赛事、文化活动等，还要承载全民的健身功能，这就决定了体育场馆的选址不能远离市区，毕竟体育场馆的赛事功能是一时的，而全民健身功能则是贯穿于体育场馆的整个生命周期的日常性活动。目前，国外很多体育场馆的选址逐步回归城市中心，将体育场馆作为城市更新或复兴的催化剂。虽然国外部分国家如美国等大型体育场馆的选址地处远郊区，但这与美国大型体育场馆的功能定位以及人们的出行方式密切相关。美国大型体育场馆基本上以举行大型活动为主，不对群众的日常健身开放，而且，美国民众前往体育场馆的交通方式以私家车为主，需要场馆周边有数量众多的停车位，因此，美国大型体育场馆的选址一般在城市的郊区。

三、体育场馆的功能设计

(一) 体育场馆的功能定位

体育场馆的功能定位是功能设计的前提和基础,体育场馆的功能设计取决于其功能定位。体育场馆的功能定位是指在目标市场选择和市场定位的基础上,根据体育场馆潜在的消费者需求的特征,结合体育场馆的特点,对体育场馆应具备的基本功能和辅助功能作出具体规定的过程。根据体育场馆潜在的不同类别的消费者需求的不同,可以将体育场馆的功能定位分为竞赛型、健身型、训练型和复合型四种类型。

1. 竞赛型

竞赛型体育场馆是指体育场馆的功能定位主要是用于满足各种大型体育赛事的需要,以承接各种大型体育赛事为主要目的,如国家体育场、国家体育馆等体育场馆。一般而言,此类体育场馆规模较大、场地面积较小、工程造价较高,拥有大量的看台和高档的辅助设施以及各种附属功能用房,以大型体育场馆居多。

2. 健身型

健身型体育场馆是指体育场馆的功能定位主要用于群众的健身活动,以满足群众的体育健身为主要目的,如各地兴建的社区体育中心或全民健身中心等。一般而言,此类体育场馆规模较小、场地面积较大、工程造价较低、看台数量较少或没有看台、设施设备比较简易,以中小型体育场馆居多。

3. 训练型

训练型体育场馆是指主要用于高水平运动队训练的体育场馆,以满足高水平运动队和运动员的训练为主要目的,主要是国家体育总局及各省体育局在各地建设的国家队以及省市运动队的训练基地等,如国家体育总局训练局体育场馆设施、国家体育总局秦皇岛训练基地等。目前,国内多数此类体育场馆在满足运动队训练需要的同时,也逐步向社会开放。

4. 复合型

复合型体育场馆是指体育场馆的功能定位于多元化、多功能的体育场馆,体育场馆不仅具备竞赛、健身等多种体育功能,还具备休闲、娱乐、商业等功能。复合型体育场馆是当今体育场馆发展的主要趋势之一,国外许多体育场馆如温布利大球场、里光竞技场和国内的南通体育会展中心、哈尔滨体育会展中心等均是复合型体育场馆的典型代表。

（二）体育场馆功能设计的特点

从当前体育场馆的发展趋势和国外体育场馆功能设计的实践可以发现，当前体育场馆的功能设计具有以下几个方面的特点。

1. 体育场馆功能设计的综合化

体育场馆功能设计的综合化是当前体育场馆建设发展的主要趋势，也是当今世界建筑发展的主要趋势。国外的体育场馆在功能设计及选址方面利用集聚效应的实例非常多，经常将体育馆同展览馆、音乐厅、会堂等大型公共活动场所共同规划设计，形成一个公共活动中心，甚至是将这些内容组合起来建成综合体建筑。如日本的千叶幕张会展中心，将一座大型多功能体育馆作为会展中心的一个多功能展厅来设计，与其他部分在使用上可分可合，非常灵活方便，使该体育馆的使用效率大大提高。而且，体育场馆作为一种大空间的公共建筑，具有大空间的共性，这种空间没有明确的限定形式，可以按使用功能灵活分割。这种灵活的空间形式，使得体育场馆能够便利地将各种比赛项目以及文艺、展览、集会、健身等具有相似空间需求的功能项目整合成一个功能综合体，从而使体育场馆具有多种使用功能。体育承办的大型赛事、文艺演出、展览、集会等均具有间歇式交错使用的特点，互不影响，各种活动在时间上具有互补性，这为场馆设施的综合利用提供了可能，有利于体育场馆的综合使用，提高体育场馆赛后的使用率。因此，体育场馆设施功能设计的综合化既是当代建筑发展的趋势，也是社会发展的必然要求。

（三）体育场馆功能设计的多元化

近年来，体育场馆功能设计呈现多元化的发展趋势，国内外涌现出了许多具有多元功能的复合化场馆或场馆复合体，将场馆与酒店、商业设施、办公楼、休闲娱乐设施等多元功能融合起来进行一体化设计、施工，体育场馆复合体除了具备竞赛、健身等功能外，还具备酒店、商业、娱乐、休闲等多元功能，如国内南通、哈尔滨等地建设的体育会展中心，在规划设计中就融合体育、会展、酒店等多元功能。此时，体育并不再是复合体的唯一功能或主要功能，复合体由体育中心演变为城市的休闲娱乐中心、商业中心，成为城市更新的载体。体育场馆的多元功能之间能够相互影响和相互促进，形成聚焦效应，从而促进场馆与其他设施的充分利用。场馆承办大型赛事等活动可为复合体带来大量的客流，带动复合体内其他设施的经营，而前来复合体内其他设施消费的人群，也为场馆的经营与市场开发提供了潜在客源。

(四) 体育场馆规划设计以赛后利用为主

随着人们对场馆设施赛后运营问题认识的深入，逐步意识到场馆设施的赛后运营问题不是赛后才予以考虑的，而应是在规划设计阶段就予以考虑，通过完善功能设计方案，将赛后运营方案与思路融入规划设计，以便体育场馆赛后的运营。而且，在体育场馆建设管理中，政府部门也意识到在功能设计中考虑赛后运营的重要性，要求体育场馆赛后管理部门提前参与体育场馆的规划、设计，并要求体育场馆管理部门提出赛后运营方案，使规划、设计方案充分考虑体育场馆的赛后运营，此举有效提高了体育场馆功能设计的科学性，为体育场馆的赛后运营奠定了基础。部分城市体育场馆的投资者从投资收益角度考虑体育场馆的功能设计，在设计中充分考虑赛后运营，以体育场馆赛后利用设计为主，兼顾赛时需求，体育场馆的多功能使用与赛后运营在设计初期就非常明确，这对于提高体育场馆的运营效果非常有利。

四、现代建筑技术在体育场馆建设中的应用

现代建筑技术的发展为场馆设施的经营与资源开发提供了强有力的技术支持，通过各种技术措施能有效满足不同使用功能对场地大小、形状、空间环境等各方面的要求，实现场馆设施空间的灵活可变，从而实现场馆资源的充分、有效利用。这些建筑技术主要分为灵活可变设施和建筑设备技术，其中，对场馆设施经营管理影响最大的是灵活可变设施，主要包括活动地面、活动屋顶、活动看台、整体移动看台、临时看台、活动隔断等。场馆设施的功能空间从比赛场地到观众席及附属空间等都具有较大的可变性。借助灵活可变的设施技术，对场馆设施的空间进行灵活设计，能够为场馆设施的赛后利用提供弹性空间的支持。

(一) 活动地板

不同运动项目或不同性质的活动对场馆设施的要求各异，为使不同运动项目或不同活动能在同一场馆设施内进行，就需要对场地进行转换，通常的做法是利用活动地板来实现。活动地板在国内已有成功实践，如首都体育馆、长春体育馆和南京奥体中心体育馆可实现冰场与木地板之间的互换。东京的代代木体育馆可以实现冰场、木地板和游泳池三者之间的互换。场馆设施采用活动地板可以满足不同项目或不同性质活动对场地的需求，有助于提高场馆设施的利用率。

（二）活动屋顶

活动屋顶是在场馆设施的顶部安装可开合的屋顶实现场馆设施由室外到室内的转换。使用活动屋顶，可在恶劣气候条件下关闭活动屋顶，在适宜天气条件下开启，从而保障全天候使用场馆设施，这为场馆设施的多功能使用提供了极大的便利。如大型赛事、文艺演出、展览和集会等不再受天气和时间的影响，从而大大提高场馆设施的使用效率。目前，国外建成的带有活动屋顶的场馆设施较多，如日本的福冈巨馆、加拿大的多伦多天拱巨馆、蒙特利尔体育场、美国的西雅图新西北太平洋棒球场和荷兰的阿姆斯特丹体育场等；国内目前仅有南通体育会展中心建有活动屋顶。

（三）活动看台

活动看台的主要功能是负责调节场地和空间布局，改变观众厅的布局。活动看台一般以布置在场地场边，比较经济合理。运用活动看台伸缩和变形，不仅可以调整场地和坐席区的平面形状，满足不同项目对场地规格的要求，并且对固定看台下的空间利用起着有效的促进作用。使用活动看台一般是将活动看台设在底层，收叠后一方面扩大了场地面积，提高了空间利用效率，另一方面，将底层设为活动看台，相当于抬高了固定看台下的首排高度，可有效消除看台下大面积的三角形无效空间，底层使用活动看台与中行式疏散相结合，可以使二层看台下的空间得以有效利用。而且，通过设置活动看台可以满足赛时对场馆设施观众席的最大需求量，减少固定坐席数量，此举不仅可为场馆设施增加大面积的运动场地，降低场馆设施规模，减少维护费用，还有助于场地空间的充分利用，提高场馆设施的赛后利用率。根据有关学者的研究，要发挥活动看台在场馆的多功能使用、节能减耗和赛后继续利用等方面的作用，应该将场馆设施内一半以上的坐席设计为活动席位。特别是大型赛事的游泳馆，由于比赛池占据馆内主要空间，比赛场地的可置换性相对较小，赛后坐席闲置的问题尤其突出，因此将大部分观众席设计为活动看台所产生的积极效果也会更加显著。

（四）整体移动看台

整体移动看台是场馆设施的部分固定看台。如某一侧看台通过外力牵引整体移动的看台，主要用于在满足不同使用功能时对看台有不同要求的场馆设施。整体移动看台尤其是可移动建筑体，技术难度较大，前期投资和运营管理都需要巨额资金的投入，我国目前受经济技术条件的限制，尚未有建成的实例。在国外，主要有法国的法兰西体育场、日本琦玉县超级体育馆等场馆设施设置了整体移动看台。

（五）临时看台

临时看台主要适用于为大型体育赛事而建的场馆设施，赛时及赛后的观众数量对各种设施的需求差异较大，减少平赛差距的主要措施之一就是在观众席设置临时看台。临时看台一般采用轻型材料和预制构件搭建，便于赛后拆除，可根据需要对坐席下空间作各种适应性改造，使用效率高，有利于降低场馆设施赛后规模，降低运营成本。如1996年的亚特兰大奥运建筑，其8.5万座的主体育场为了在赛后改为4.9万座的棒球场，而将北面看台全部做成临时钢架看台，在奥运会结束后予以拆除。

（六）活动隔断

场馆设施在赛后的多功能使用中，人流的变化很大，对场地的需求大小各异。在这种情况下，场馆设施仅能临时性地满足各种活动的使用要求却不能够充分发挥体育场馆的效益。因此，需要通过对比赛场地进行灵活的分隔，来实现共时性的容纳多种性质各异的活动项目。通常的情况是利用升降幕布等活动隔断对场地进行灵活划分，这样使场地的空间可灵活变化，可分可合，使场馆设施具有很大的灵活性，从而大大提高场馆的利用率。

第二节 体育场馆日常管理与设备器材维护

体育场馆设备器材的维护是其日常管理的重要内容之一，对于体育场馆的经营管理起着重要的保障作用，因此，在体育场馆的经营管理过程中要重视对设备器材的维护工作。

一、体育场馆日常管理与设备器材维护的关系和作用

体育场馆设备器材的维护是体育场馆日常管理的基础性和保障性工作，是场

馆经营管理中不可分割的重要部分。场馆经营管理与设备器材之间的关系以及设备器材在场馆经营中所发挥的作用，应引起场馆经营管理者的高度重视。

（一）场馆日常管理与设备器材维护的关系

1. 物质基础关系

构成体育场馆并使之运行的因素含两部分：一是硬件部分，二是软件部分。而硬件除体育建筑设施外，主要包含设备与器材。因此，只有设备与器材的正常维护，场馆才能正常运行，经营管理也才能正常实施。

2. 人与物的关系

在体育场馆的经营管理中，由人、财、物、时间和信息等基本要素构成。场馆设施、设备、器材是管理中的硬件，而人则是管理中的软件。只有人与物，硬件与软件的结合，才能形成管理，所以，体育场馆中对设备器材的维护，就形成了人与物之间管理的关系。

3. 依存与制约的关系

在经营管理中人与设备器材之间的关系，既统一又相互制约。设备器材维护管理得当，则经营管理效率较高；若设备器材维护不当，则直接影响经营管理，有的甚至造成严重损失。管理是与人打交道，对设备器材的管理是与物打交道，所以在经营管理中人与设备器材存在着既相互依存又相互制约的关系。

（二）设备器材维护在经营管理中的作用

1. 对全民健身及体育赛事的保障作用

全民健身与体育赛事是场馆运营管理的基本任务。全民健身关系到大众体质和健康，体育赛事关系到运动水平的提高及国家形象。在贯彻落实场馆基本任务时，设备器材的维护不容忽视。要抓好设备器材的管理维护工作，场馆经营管理者首先对设备器材是否正常运行要做到心中有数，并充分调动职工积极性保养好设备器材，以充分发挥设备器材在体育场馆经营中的保障作用。

2. 对重大活动的保障作用

场馆是政府举行重大活动的场所。场馆的安全保障很大程度上取决于设备器材的正常运行。在重大活动前要检查设备器材的运行情况，使设备器材处于正常运行状态，落实安全运营，并做好设备运营预案，保证重大活动万无一失，所以，设备器材的维护管理在重大活动中起着重要的保障作用。

3. 对场馆日常经营管理的保障作用

场馆除竞赛、全民健身活动及各种重大活动外，还可开展多种经营活动，设备器材的维护与管理对于场馆日常的经营活动也起着十分重要的保障作用。设备器材管理得好，维护得当，场馆的经营活动就有保障，反之，则不利于场馆的日常运行。

二、体育场馆设备器材维护的基本原则与要求

维护保养设备器材，保证体育场馆的正常使用，是场馆经营管理者的基本职责，是管理好场馆的前提条件。因此应该掌握场馆经营管理与设备维护的基本原则与要求。

(一) 设备器材维护的基本原则

1. 大众健康、安全第一的原则

场馆的任务之一是提供大众锻炼的场地，保证大众的安全与健康。安全是场馆管理的生命线。没有安全就没有场馆的经营管理。安全表现在场馆的方方面面，无论是竞赛、大众健身，还是日常经营管理，场馆工作者都应该牢固树立大众健康、安全第一的经营管理原则。

2. 运用国内外先进手段进行管理的原则

随着社会进步，科技发达，先进的管理理念、管理技术、管理方法纷纷从世界各国以及举办世界大赛的各国进入国内。我国的公共体育场馆过去受时代限制，受科技水平的限制，加上经费不足，受年久失修的影响，设备器材均已老化，急需更新。特别是在重大国际体育竞赛中的设备器材科技含量日新月异的情况下，充分运用国内外先进科技手段对设备器材进行更新，用先进的理念进行管理就显得非常必要。

3. 因地制宜，按场馆使用要求进行管理的原则

全国场馆东西南北中，经济基础及场馆自身条件、管理模式及方法、当地政府对场馆的使用要求及各场馆使用的设备器材均不一样。因此在经营管理中，本着勤俭节约、因地制宜的原则按场馆使用要求进行经营管理和设备器材维护，使其场馆保值增值，全方位满足大众的文化生活需要。如四川攀枝花体育场足球场草地喷灌，利用地形地貌，采用简易设备蓄水灌溉的方法，节约能源与成本，就是因地制宜抓管理的实例。

(二) 设备器材维护管理的基本要求

1. 体育项目规则的要求

在体育场馆比赛的项目甚多，各项目对设备器材要求不一样，每个项目的竞赛规则也在日趋变化和完善。所以场馆经营者要根据各项目规则的要求和变化，对设备器材的维护管理也随之改进，以适应规则对设备器材维护的要求，进而保证大型赛事活动的需要。

2. 全民健身及重大活动的要求

全民健身系普及性体育活动，运用高端体育设备器材少，而一般设备器材量大；由于人员众多，对安全及消防系统要求高，特别是对疏散通道口要求极高；由于需组织观众，对扩音系统的要求、对准备活动场地设备器材的要求较高等，因此场馆要根据这些活动的特征对设备器材进行相应的维护管理。而重大活动的要求与全民健身活动则不一样，需要按该项活动提出专项的设备器材进行维护管理。总之，应按活动需要准备设备器材并进行管理。

3. 场馆多种经营管理的要求

场馆多种经营管理是场馆组织经济收入的基本模式，也是场馆经济收入来源之一。对设备器材维护管理以保证多种经营的需要，是场馆需要解决的问题。多种经营与其他活动之间的矛盾有时也很突出。在多种经营中多采用本体产业，利用本体产业创收弥补设备器材的不足，同时，调动设备器材技术人员的创造性和积极性，树立设备器材维护为经营管理服务的思想，因地制宜维护管理设备器材，达到多种经营对设备器材管理的要求。

三、体育场馆设备器材维护的基本程序与方法

按场馆分级分类管理的原则，设备器材的维护管理分为两类：一类是经营管理者对设备器材的管理，另一类是技术维护人员对设备器材的操作与保养。

(一) 经营管理者对设备器材的管理

1. 运用国际管理体系认证对设备器材进行规范管理

体育场馆经营管理者可在经营管理过程中，引入国际管理体系认证，以规范对设备器材的管理。体育场馆对设备器材的规范管理中可引入的认证体系包

括《ISO9001：质量管理体系认证》、《ISO14001：国际环境管理体系认证》和《OHSMS18000：职业安全健康管理体系认证》等。引入《ISO9001：质量管理体系认证》可以内部强化管理规范，稳定经营运作，提高人员素质。引入《ISO：14001国际环境管理体系认证》就是要求单位在内部建立并保持符合标准的环境管理体系，以达到预防污染和环境改进的目的。体育场馆是人们健身养体的场所，场馆内外环境指标包括设备器材的环保要求均应达到环保认证要求。如对空调设备冷冻液、场馆内噪声分贝和锅炉燃烧废气的规定等都要通过《ISO：14001环境管理体系认证》的各项技术要求。因此，在场馆的经营管理中运用此认证手段，可对设备器材进行更为规范的管理。引入《OHSMS18000：职业安全健康管理体系认证》可使场馆建立一套科学、先进的管理机制，对场馆特种设备的安全检查、工作环境的安全卫生检查都可以纳入 OHSMS 的安全评估体系中进行。设备运行的安全和操作者在工作中的安全，国家对此均有明确规定，而场馆运用 OHSMS18000 职业安全健康管理体系后，既是经营管理中对人的健康的规范管理，也是对职工身体安全的保障。因此，在体育场馆经营管理中，引入管理认证体系并运用该体系对设备器材维护进行规范管理是实现体育场馆设备器材维护管理规范化的重要手段。目前，国内已有武汉体育中心、成都体育中心等多家场馆通过了 ISO9001 质量管理体系认证。

2. 制定设备器材日常维护管理办法

经营管理者对全场馆设备器材运行情况，纵观全局，从抓日常管理入手。首先应制定《场馆设备器材日常维护管理办法》。用制度管物，用制度管人，将人与物规范管理。在制定管理办法时，要注意从实际出发调查研究，群策群力形成一套行之有效的管理办法。如成都市体育中心首先用 ISO9001 质量管理体系认证，然后又进化为 ISO9003 质量管理体系认证进行设备器材的维护管理，做到职责清楚，管理明确，在管理中达到事半功倍的效果。

3. 检查与督促协调解决设备器材管理问题

经营管理者在纵观全局管理的基础上，要深入第一线进行调研。检查并督促职能部门对设备器材的维修管理。同时要及时解决设备器材管理中遇到的各种问题。如技术人员培训提高的问题、设备运行中各部门的协调问题，特别是在经营管理中设备器材不能满足实际需要的问题。

4. 统筹调剂资金处理设备器材维修急需

场馆在经营过程中，往往会发生设备器材损坏，操作者又无法自修保证其经营运行。此时经营管理者要从快调剂资金,急需处理设备器材维修。同时还要进一步检查维修情况,直到落实设备正常运转,保证经营管理需要。

(二)技术维修人员对设备器材的操作与保养

1. 进行专业技术培训,学习规范的维修技术

场馆设备器材专业人员要取得专业技术等级证书,才能上岗操作。在取得等级证书的基础上,由于科学发展,先进技术在不断淘汰传统技术,新理念在更新旧观念,设备器材技术人员就要进行再学习培训和提高。做到学习经常化、技术规范化。技术人员思想不落伍,技术不过时,使单位常态化地保持一批技术骨干队伍,服务于经营管理的需要。

2. 正确操作与检查设备器材运营状况

设备器材操作者要熟悉掌握设备器材技术状况;要按规范和程序正确操作外,还要随时检查设备器材运行状况;平时加强保养,经常维修管理,做到活动时不出差错,保障运行;操作规范,管理有序,使设备器材处于良好的工作环境。

3. 及时处理设备器材在运营中的紧急问题

设备在运行过程中,操作者虽然按程序规范操作,但由于各种原因会发生故障,操作者要及时处理。这是操作者的基本职责之一。设备一旦发生故障,操作者第一时间应前去处理,如场馆的供电,当出现问题时,操作者要冷静按程序与规范及时处理。与此同时向相关部门报告,以免发生重大事故。

四、体育场馆设备器材维护需要注意的若干问题

设备器材维护在经营管理中所起的作用不可小视,其物质保障作用不可替代。但从我国场馆设备器材的现状看,特别是比较落后的地区,建设场馆少、设备差、器材更不足。场馆设备器材管理上还存在着若干亟需解决的问题,这应引起重视和关注。

(一)配备设备器材维护管理复合型人才

设备器材管理既是技术工作又是管理工作。在场馆经营管理中,应配备熟悉掌握设备器材维护专业技术,又懂经营管理的复合型人才。使用这种人才可提高管理水平和业务技术,又可减编减员节约开支。场馆若有这样一批人员在

岗上，场馆管理将出现新的格局，因此场馆应培养并配备一批设备器材复合型人才。

（二）以经营安全为前提

场馆经营管理与设备器材维护时，安全是首要条件。设备安全在某种程度上就保证了经营的安全。设备器材出现了问题，经营就受损失，还会影响全局。场馆经营安全问题往往出在设备器材上，如用电设备是否安全可靠、消防系统设备是否完善、各种健身器材是否安全。因此，只有在使用这些设备器材时都以安全为前提，才能保障场馆安全运营。

（三）满足场馆使用功能需要

场馆使用时应完成三大功能任务：一是体育竞赛及大型活动使用功能；二是全民健身活动功能；三是多种经营活动功能。要完成好这些功能任务，只有设备器材不断维护保养更新，才能满足场馆使用功能需要。设备器材的管理是人与科学的管理。如重庆市奥林匹克体育中心的设备管理仅两人，采用外聘技术人员并规范管理的办法，人员精简，成本节约效益提高，保证了场馆设备器材维护管理需要。

（四）充分重视环境资源配套

场馆是群众积聚的场所，又是全民健身的场地。由于人口密集、流动量大，会对环境管理造成压力。管理中要将环境资源配套。设备选用时要通过《ISO14001环境管理体系认证》，设备使用过程中要重视大气中温度与湿度以及周围的污染物。全民健身中心活动场地中，要注意绿化的配套等。场馆管理者要引导职工处理好发展与环境保护的关系，不断改善环境绩效，进行有效的污染预防，保障人民身体健康，最终实现良性发展。

（五）注意隐蔽工程处理，与后期经营相结合

设备器材维护管理时，特别要注意对隐蔽工程的处理。隐蔽工程处理得当，为经营管理节约成本，带来效益，保证安全。处理不当则反之。设备维护时，一些环节出现隐蔽工程，处理时一定要为后期经营方便留有余地，如地下管网的维修、空调系统的维修以及场馆内其他设备隐蔽工程的处理都要以降成本、方便经营相结合。

第三节　体育场馆经营管理与设施更新改造

体育场馆设施的更新与改造是体育场馆经营管理过程中必然要经历的内容，也是体育场馆经营管理的现实需要。对体育场馆进行必要的更新与改造有利于体育场馆的经营管理。

一、体育场馆设施更新改造的政策法规

体育场馆设施更新改造在我国分为两大类：一类是国家兴建的公共体育设施的更新改造；另一类则是经营性体育场所的更新改造。在此所指的政策法规为公共体育场馆更新改造的政策法规。

（一）政策法规对设施更新改造的规定

1.《体育法》对设施更新改造就经费来源的有关规定

1995年10月1日施行的《中华人民共和国体育法》是体育界的根本大法，也是体育设施更新改造的法律依据。在《体育法》第六章第41条保障条件中明确规定了"县级以上各级人民政府应当将体育事业经费，体育基本建设资金列入本级财政预算和基本建设投资计划，并随着国民经济的发展逐步增加对体育事业的投入"。这条规定明确了体育基本建设资金及对设施改造资金的来源。以上经费都应纳入国家财政预算拨款和列入基本建设投资计划。因此，这条法规为设施建设和更新改造确定了经费的主要来源。

2.《公共体育设施条例》对设施改造就经费来源的有关规定

2003年8月1日实施的《公共体育设施条例》是在《体育法》实施的基础上，国务院为公共体育场馆专门制定的单项条例。在条例的第一章总则第五条中再次明确"各级人民政府举办的公共文化体育设施的建设、维修管理资金，应当列入本级人民政府基本建设投资计划和财政预算"。这条是关于建设和更新改造公共文化体育设施资金保障的规定。也就是说公共文化体育设施，为社会公众提供了公共文化产品，是各级人民政府的重要职责。而公共文化体育设施要正常发挥其功能，必须得到各级人民政府在建设、维修、管理方面的资金支持。

二、体育场馆设施更新改造的基本原则

体育场馆设施更新改造与新建设施相比，难度大，专业技术性强，时间紧迫，因此要遵循国内外先进技术相结合，设施设备器材相结合及与经营管理相结合的原则。

（一）国内外先进技术相结合的原则

1. 从国情出发，学习运用国外先进技术

当代科学技术突飞猛进，国内外先进技术及先进工艺日新月异，设施更新改造要运用新材料、新技术、新工艺才能达到场馆改造功能需要。因此，体育设施改造时要放开眼界，学习、考察先进技术，运用专业技术人才和管理者的集体智慧；引进国内外先进科学技术，树立设施更新改造与国内外先进技术相结合的原则。

2. 从赛事需要及经营管理出发，更新改造场馆

场馆管理者最清楚场馆设施、设备，在大型活动中最需要什么，最缺乏什么，要求更新改造中完善哪些功能都需在更新改造设计方案中一一说明。设计者也要与管理者相互沟通，进一步调查了解，以达到改造后的场馆完善其使用功能，所以，从场馆使用功能需要出发，更新改造场馆就势在必行。

3. 从实际出发，体现场馆自身特点

全国城市由于场馆布局不同，运用功能不同，管理层的要求不同，因而进行场馆更新改造也不同。场馆在城市的东西南北中，确定场馆使用要求，是以竞赛为主，训练为主，还是经营开发为主而确定场馆改造或建筑风貌自身特点。总之在场馆改造中，要实事求是，一切从实际出发，从需要出发，充分体现改造场馆的自身特点。如重庆市大田湾体育场馆的更新改造，保留了当年古香古色的建筑风格，并采用了外形琉璃瓦和不易风化的墙砖。

（二）设施改造与设备器材同时更新的原则

1. 更新设备器材，完善设施配套功能

场馆在更新改造时既要进行建筑、装修等内容的改造，还要注意改造设备器材与设施不配套的部分。设施往往陈旧时，设备更陈旧。有的场馆主要是对设备进行更换，主体建筑不动。或者只对主体涉及到安全部分或墙面装饰部分

进行更新改造。总之不管设施改造哪部分，设备都需要配套改造，才能完善设施配套功能。

2. 设施设备同时更新，节省日常经营管理成本

大型场馆设施改造如只对设施改造，不更新设备部分，则经营管理中会出现：一是新设施与旧设备使用不配套，二是存在安全隐患，经营管理者又要不断更新设备，这样加大重复开支，增加管理成本。设施设备同时更新，既节约日后经营管理成本，又保证了场馆的安全使用。

3. 引进先进设备，提高经营管理效益

在设施设备改造中，其中重要一点就是要注意引进先进设备。引进先进设备时，充分调查对场馆旧设备运行技术指标与新设备指标的比较。注意添置设备与原有设备相配套，与建筑设施相吻合。有的设备使用功率太大，消耗能源，要用节能环保的设备。如购置了超出使用要求高规格的设备，就造成了浪费。所以引进设备从场馆需要，从实际需要出发，进而为场馆管理服务。

（三）设施更新改造与经营管理相结合的原则

1. 准确运用建筑工艺技术，为经营管理奠定基础

体育场馆由于使用功能不同，改造时建筑工艺技术也不同。周围环境和地理条件不同，改造场地布置及器材选择也不同。改造场地标准与非标准场地设计不同。如体育场改造时朝向、主席台的定位、场地的标高、坡度、排水系统以及地面材料的选定等要准确运用建筑工艺技术，其中面层材料的选择不同，基础则不同。如体育馆，游泳跳水馆的灯具定位和选型，都直接影响比赛的灯光眩光。热身和准备区域附属用房的改造使用，都是日后经营管理的硬件条件。所以要准确运用体育工艺技术，为经营管理奠定基础。

2. 结合场馆经营使用，进行场馆更新改造

场馆更新改造时，往往要考虑场馆的经营使用。比如体育馆内场面积大使用率就高。改造时用折叠式座椅，就满足了此功能。场馆附属用房多，经营时就能满足各种需要。馆内场通道向外延伸，既扩大经营面积，又保证了大型活动的畅通安全。体育馆活动篮球架的使用，利用滚动负荷原理保护了内场地板，保证了大型赛事的需要，又为场馆经营提供了机动的场地条件。

3. 处理经营管理与设施改造的矛盾

旧场馆改造时，场馆不能经营或影响经营，形成了经营管理与设施改造的矛盾。解决此类矛盾，经营管理者要根据场馆自身运营情况，采取分散改造的办

法：即改造场经营馆，改造馆经营场交叉更新改造办法。即使在同场或同馆改造，也可分系统分类进行改造，解决经营与改造的矛盾。总之要尽量避免全部停业改造，影响全民健身，大型赛事活动和场馆经营管理。

三、更新改造项目的基本特征及管理中的难点与重点

设施更新项目与新建项目之所以不同，主要在于基本特征不同。因此要把握这些特征，抓住管理中的难度和重点，就能把更新改造项目抓到实处，落实到位。

（一）更新改造项目的基本特征

1. 较新建项目有局限性

新建项目是一切从新开始，而更新改造项目需要保留部分，改造部分并与其完善。改造中需要与原有部分配套。有的部分涉及安全结构不能随意改动，因此从设计到施工，整个过程都有其局限性。

2. 较新建项目有不可预见性

设施更新改造时，有些情况是难以预料的，只有在改造现场出现后，才进行处理。比如地下管网系统，挖开后才能准确进行改造。有些部位在结构上也不能轻易处理。改造时各系统的衔接也应综合全面考虑。因某系统的改造影响另一系统，还得更改设计，所以与新建项目相比有不可预见性。

3. 较新建项目更具复杂性

改造项目中某系统可部分使用，而必须增配部分才能满足功能需要。特别是现代设备发展快，材料材质变化大，增配部分须与其衔接。如电子显示屏从过去的灯泡式屏幕，发展至今的液晶 LED 显示屏都需要重新布置和完善，在旧的设施中添添补补，其改造技术较新建项目更具复杂性。

（二）管理中的难点

1. 勘察设计

更新改造项目的设计较新建项目的设计要难得多，因改造项目有局限性，复杂性和不可预见性的特征，首先勘察设计是难点。改造项目要设计出功能完善，现代一流的体育设施，这就需要突破难点，寻找解决问题的途径与办法，从而达到使用功能需要。

2. 投资预算

先预算后投资是工程改造的基本程序，但由于改造项目具有自身的不可预见性的基本特征，预算往往受其影响，预算投资难以控制。有时还会出现边改造边预算边投资的"三边工程"现象。要把这些弊端控制到最低限度，这就需要投资主体、设计、施工各类人员的严密协调配合，才能将预算做到可控范围内。

3. 经营施工同进行

场馆经营与施工同进行时，往往因施工或经营相互影响。要把影响降低到最低程度，需要场馆管理者合理安排，做好计划，管理协调工作落实到位。一是利用场馆淡季进行改造，二是集中改造分散经营，三是另辟场地经营等办法，使设施更新改造与经营管理不受太大影响，保证场馆各项工作运行正常。

（三）管理中抓重点

1. 准备阶段的论证与决策

准备阶段先调查研究，后论证可行性方案。投资主体应及时准确做好决策：一是工程改造后预计达到的功能需求与效果，二是达到此效果的总经费预算。要做到以上两点，就要进行充分而反复的测算与比较，做好准备阶段的论证与决策。

2. 实施监管时抓住招投标

招投标是工程质量和降低造价的重要途径。投资主体要把招投标工作研究深透，充分运用建设主管部门的专业运作，不受其他影响。对设计、施工、监理、设备购置中的招投标工作，进行全方位的督促、检查、协调监管，将经费用于刀刃上，全面完成更新改造任务。

3. 从始至终严格把握预决算

改造项目由于工程预算难以准确把握，因此从预算开始到整个改造工作全过程都要严格掌握经费使用，不得随意突破。突破经费必须有严格的报告与审查制度。工程不仅要严格掌握预算，还要严格审查决算。决算的审核可采用多种方法进行。如定额站、银行、会计事务所等专业机构层层审核，将其审透，以保证国家建设经费的安全使用，最后达到设施改造后符合投资节省，质量第一，安全使用的优良工程。

总而言之，在精神文明和物质文明快速发展的今天，人们的文化生活需求和幸福指标要求更高。体育场馆是人们赏心愉悦，锻炼体魄的场所，要满足社会各方面的需求，成为了场馆管理者的重要任务。在设施改造、维修和保养中，保证设施安全，做好经营管理，使其保值增值，成为了场馆经营管理者义不容辞的职责和义务。

思考题

1. 试述影响体育场馆选址的因素。
2. 简述体育场馆功能设计的特点。
3. 简述体育场馆设备器材维护在经营管理中的作用。
4. 简述体育场馆设施更新改造的基本原则。

参考文献

[1] Gil Fried. 体育场馆管理 [M]. 侯斌,等,译. 武汉:华中师范大学出版社, 2008.

[2] 易国庆,赵道静,等. 体育场馆的经营与管理 [M]. 北京:人民体育出版社, 2009.

[3] 国家体育总局. 拼搏历程,辉煌成就——新中国体育60年 [M]. 北京:人民体育出版社, 2009.

[4] 热若尔罗兰,等. 转型与经济学 [M]. 北京:北京大学出版社, 2005.

[5] 杰伊海泽,等. 运作管理 [M]. 北京:中国人民大学出版社, 2003.

[6] 陆亨伯,谢萍萍,郑栋. 我国公共体育场馆民营化经营模式的选择——基于典型体育场馆的分析 [J]. 北京体育大学学报, 2008, 31 (1): 5-7.

[7] 徐文强,陈元欣,张洪武,王健. 我国公共体育场馆经营现状及管理体制改革研究 [J]. 成都体育学院学报, 2007 (3).

[8] 闵健,柳伯力,胡艳,刘利. 大型公共体育场(馆)经营管理体制性障碍研究 [J]. 体育科学, 2006 (9).

[9] 周西宽. 体育基本理论 [M]. 北京:人民体育出版社, 2007.

[10] 丛平湖. 体育经济学 [M]. 北京:高等教育出版社, 2005.

[11] 刘勇. 体育市场营销 [M]. 北京:高等教育出版社, 2007.

[12] 李宗诚. 节事活动与城市形象传播 [J]. 当代传播, 2007 (4).

[13] 杨远波. 体育场馆经营导论 [M]. 成都:西南财经大学出版社, 2006.

[14] 张宏. 我国体育场馆经营管理模式的现状及发展趋势 [J]. 西安体育学院学报, 2009 (4).

[15] 吴强,运用现代营销策略对高校体育场馆经营管理的分析 [J]. 浙江体育科学, 2010, 32 (4).

[16] 高岩浩. 体育场馆赛后利用研究 [J]. 北京工业大学, 2005.

[17] 王宁宁. 苏州市大型体育场馆经营管理现状与对策研究 [D]. 苏州大学, 2010.

[18] 王龙飞, 等. 我国近三届全运会场馆建设与运营研究 [J]. 体育文化导刊, 2009 (4).

[19] 陈云开. 论运动产业本质 [J]. 上海体育学院学报, 2001 (1).

[20] 徐琳. 体育赛事及其赛事产品的营销学分析 [J]. 成都体育学院学报, 2009 (6).

[21] 陈兴. 基于波士顿矩阵分析法的盛年期企业筹资策略 [J]. 经济师, 2007 (8).

[22] 韩开成, 等. 大型体育场馆的管理文化创新 [J]. 体育成人教育学刊, 2005 (5).

[23] 李建新. 媒体伐谋——由战略策划、决策到实施 [J]. 复旦大学学报, 2005 (5).

[24] 李敦厚, 等. 经营性保龄球场所等级评定标准研究. 体育软科学研究成果 (1999—2000), 体育总局政策法规司.

[25] 菲利普·科特勒. 营销管理——分析、计划、执行和控制 [M]. 上海: 上海人民出版社, 1999.

[26] A.佩恩. 服务营销 [M]. 郑薇, 译. 北京: 中信出版社, 西蒙与舒斯特国际出版社, 1998.

[27] 郭国庆. 市场营销学通论 [M]. 北京: 中国人民大学出版社, 1999.

[28] 全国质量管理和质量保证标准化技术委员会秘书处及中国质量体系认让机构国家认可委员会秘书处. 2000 版质量管理体系国家标准理解与实施. 北京: 中国标准出版社, 2001.

[29] 杨志坚, 等. 质量管理与质量保证体系认识认识指南. 北京: 国防工业出版社, 2001.

[30] 杨永华. 实施 2000 版 ISO9000 质量体系认证手册. 北京: 海天出版社, 2001.

[31] 陈渭. 国际服务质量管理标准实施指南——ISO9000 族标准在服务业的应用. 北京: 中国标准出版社, 2000.

[32] 洪生伟. 服务质量体系 [M]. 北京: 中国计量出版社, 1998.

[33] 李树海, 等. 服务营销 [M]. 北京: 企业管理出版社, 1996.

[34] 蒋一枫. 现代酒店服务管理概论 [M]. 北京：东方出版中心, 1999.

[35] 苏东水. 产业经济学 [M]. 北京：高等教育出版社, 2000.

[36] 鲍明晓. 体育产业——新的经济增长点 [M]. 北京：人民体育出版社, 2000.

[37] 国家体育总局政策法规司. 体育产业现状、趋势与对策 [M]. 北京：人民体育出版社, 2001.

[38] 赵立, 杨铁黎. 中国体育产业导论 [M]. 北京：北京体育大学出版社, 2001.

[39] 黄永京, 陈黎明. 民间资本在美国体育场馆融资中的作用探析 [J]. 山东体育学院学报, 2006, 22（1）：38.

[40] 约翰·伊特韦尔, 默里·米尔盖特, 彼得·纽曼. 新帕尔格雷夫经济学大词典第二卷：E-J [M]. 北京：经济科学出版社, 1992：1053.

[41] 保罗·萨缪尔森, 威廉夫·诺得豪斯. 经济学 [M]. 第16版. 北京：华夏出版社, 1999, 8：320.

[42] 卢汉林. 试论投融资概念的理论创新与现实意义 [J]. 武汉大学学报（社会科学版）, 2003, 56（4）：468-473.

[43] 陈元欣, 等. 我国大型体育赛事场馆设施投融资现状及其市场化改革 [J]. 上海体育学院学报, 2009, 7（4）：12-15.

[44] 对我国公共体育场馆应用PPP模式的思考 [J]. 市场透视, 2007（12）：10-11.

[45] http：//2008.sohu.com/s2006/7459/s245363325/

[46] http：//www.bjinvest.gov.cn/zt/2004olympic/bid/index01-3.htm.

[47] 黄永京, 陈黎明. 民间资本在美国体育场馆融资中的作用探析. 山东体育学院学报, 2006, 22（1）：38.

[48] 卢汉林. 试论投融资概念的理论创新与现实意义 [J]. 武汉大学学报（社会科学版）, 2003, 56（4）：468-473.

[49] 对我国公共体育场馆应用PPP模式的思考 [J]. 市场透视, 2007（12）：10-11.

[50] 赵刚, 雷历. 体育场馆经营管理概论 [M]. 北京：北京体育大学出版社, 2007.

[51] 黄锡明, 等. 企业文化（上卷）[M]. 长春：吉林人民出版社, 2002.

[52] 陈汉湘. 企业文化概论 [M]. 武汉：武汉出版社，2008.

[53] 伯尼·帕克豪斯. 体育管理学——基础与应用 [M]. 秦椿林，等，译. 北京：清华大学出版社，2003.

[54] 查尔斯·布彻尔，等. 体育运动管理 [M]. 茹秀英，等，译. 北京：清华大学出版社，2005.

[55] 亨廷顿，等. 文化的重要作用——价值观如何影响人类进步 [M]. 程克雄，等，译. 北京：新华出版社，2010.

[56] 斯蒂芬.P.罗宾斯，等. 管理学 [M]. 第七版. 孙健敏，等，译. 北京：中国人民大学出版社，2007.

[57] 西奥多·舒尔茨. 论人力资本投资 [M]. 吴珠华，等，译. 北京：经济出版社，1990.

[58] 查尔斯·汉普登，等. 国家竞争力——创造财富的价值体系 [M]. 徐联恩，译. 海口：海南出版社，1997.

[59] 周三多，等. 管理学——原理与方法 [M]. 上海：复旦大学出版社，2003.

[60] 周施恩. 企业文化——理论与实务 [M]. 北京：首都经济贸易大学出版社，2006.

[61] 梁绍川. 企业文化与管理方式 [M]. 广州：暨南大学出版社，2003.

[62] 王健. 综合性大型体育赛事场馆设施研究. 国家社科基金结项报告.

[63] 梅季魁. 现代体育馆建筑设计 [M]. 哈尔滨：黑龙江科学技术出版社，2002.

[64] 刘碧波. 体育场馆多功能化设计研究 [D]. 重庆：重庆大学硕士学位论文，2005.

[65] 王冰冰，李艾芳，孙颖，等. 多元与高效——对大型体育场馆赛后运营的思考 [J]. 华中建筑，2006（8）.

[66] 王西波，魏敦山. 大型体育场馆的规划选址 [J]. 规划师，2008（2）.

[67] 秦椿林. 体育项目管理 [M]. 北京：高等教育出版社，2011.

[68] 张林，黄海燕. 体育赛事事前评估 [M]. 北京：人民体育出版社，2011.

后 记

本教材的编写和出版，源于当前全国各体育院校教学及各类体育场馆经营管理人员培训之需要。

近年来，我国经济社会的快速发展，以及各地承办各类体育赛事的需求层出不穷，催生了一大批体育场馆的新建、改建和扩建。与此同时，体育场馆的经营管理问题被提上议事日程，被称为"世界性难题"。2009年，人民体育出版社出版了由易国庆等以武汉承办第六届全国城市运动会体育场馆的运营为背景编写的《体育场馆的经营与管理》，广为市场热捧。为满足当前全国各体育院校教学之亟需以及各类体育场馆经营管理人员培训之用，人民体育出版社希望能出版一本体育场馆经营管理方面的全国通用教材。我虽在体育管理、运动训练方面研究成果不菲，但对于体育场馆经营管理而言，我算外行，但承蒙孙汉超教授、陈林祥副局长推荐，又经不起人民体育出版社一再力邀，也深知编写一本高质量体育场馆教材的难度，否则国内目前也不会没有一两本有影响力的同类教材出版，便挺身扛起了这杆大旗。于是，在赵道静、高扬、王子朴三位副主编的协助下，集合全国这方面学有专长并颇有建树的专家、学者一道，开始了这本教材编写的筹备工作。从2011年3月4日在成都召开第一次《体育场馆经营管理》教材研讨会，到2012年3月31日通过由全国体育院校教材委员会组织的专家审定，共召开工作会议四次，历时一年时间，终于有了现在的成果呈现给大家。

现国内研究体育场馆经营管理的论文不少，专著、教材也有略见。《体育场馆的经营与管理》不同于其他教材的编写，它来源于实践，最终要用于指导实践。所以本教材一开始即定位于"以学生就业为导向，以培养中高层体育场馆经营管理岗位的综合经营管理技能与素质为目标"，并根据体育场馆经营管理课程实践性强的特点，力求突出教材的"实用性、针对性、创新性"特点。按照这一思路，本教材设计了体育场馆经营管理概述、体育场馆经营管理体制、体育场馆的运营与开发、体育场馆营销、体育场馆服务、体育场馆投融资、体育场馆风险管理、体育场馆企业文化建设和体育场馆的建设、维修与改造共九章内容，虽然不能完全涵盖体育场馆经营管理的全部内容，但所列章节内容基本上呈现了当今体育场馆经营管理理论与实践的前沿。

应当说，本教材是集体智慧的结晶，凝聚了众多专家学者和编辑的创新精神。本教材特聘请原武汉体育学院副院长孙汉超教授作为本教材的顾问，老先生自始至终参加讨论、修改，提出了宝贵的意见和建议。各章具体编写分工是：第一章高扬（成都体育学院教授）、赵道静（武汉体育学院副教授、博士）；第二章陆亨伯（宁波大学教授）、罗普磷（西安体育学院教授）；第三章罗普磷、赵道静；第四章曹亚东（沈阳体育学院教授）；第五章陈元欣（华中师范大学副教授、博士）；第六章王子朴（首都体育学院教授、博士）；第七章赵道静；第八章郑宇（成都体育学院讲师、博士）、卿平（成都体育学院副教授）；第九章陈元欣、吴映秋（原四川省体育馆馆长）。其中，赵道静承担的工作最多，尤其在教材的修改、统稿阶段。

全国体育院校教材委员会主任、国家体育总局科教司蒋志学司长非常重视本教材的编写和出版工作，并担任《体育场馆的经营与管理》教材编委会主任，相信在总局科教司暨全国体育院校教材委员会的领导下，本领域的教材建设和成果会不断丰富和完善。中国体育场馆协会副主席兼秘书长、国家体育总局经济司陈恩堂副司长亲自审稿并为本教材写序，为本教材的编写和出版出谋划策，使教材增色不少。他提出的"场馆的基本理论与时代精神同在、场馆的理论与场馆的实践同在、深刻的理论阐述与深入浅出同在、写书与育人同在"的场馆教材编写原则，得到与会专家一致赞同，并纷纷表示同样要贯彻落实到今后的场馆教材建设中去。

在教材审定过程中，又承蒙深圳市大运中心运营管理公司尤福永董事长、南京奥体中心经营管理有限公司王雪总经理、北京体育场馆协会秘书长首都体育学院霍建新教授、北京体育大学林显鹏教授、上海体育学院陈锡尧教授、天津体育学院魏玮副研究员、山东体育学院张继忠副教授、河北体育学院庞晓洁教授、南京体育学院王进副教授等专家的莅临指导，为本教材提出了许多宝贵意见和建议。教材编写大纲研讨、内容审定及统稿过程中，还得到成都体育学院教务处、经济管理系、期刊处和首都体育学院期刊处等有关单位领导的鼎力支持，成都体育学院学报编辑部刘雪松编审、王宏江副编审等积极帮助编写组对教材初稿进行仔细修改、润色。

最后还要重书一笔的是人民体育出版社。多年以来，在全国体育院校教材委员会的领导下，在体育院校教材建设方面，他们踏踏实实做了许多工作，出版了大量体育专业教材，为我国体育教育事业的发展做出了杰出的贡献，他们一以贯之的严谨态度和打造精品的意识，赢得了广大体育院校师生的一致赞誉和认可。此次，他们高瞻远瞩、审时度势、果敢抉择，在人民体育出版社的统筹组织协调下，为我们编写工作特别是我这个主编排解了许多困难，提供了宽松自由的写作空间，如果不是他们的信任、鼓励与支持，我是断然不敢承接此项工作的，也就不会有今天的收获了。从教多年，为学生、为一线做些有实际意义的事情是快乐的，我将由此拓展新的研究领域，持续关注体育场馆经营管理领域，把这项事业继续下去。

刘 青

2012年5月28日于成都武侯祠旁